珈琲屋

大坊勝次
森光宗男

新潮社

ストレート
コーヒー豆 100g 800
ミルクコーヒー 750
アイスコーヒー 700
ぶどうジュース 700
山ぶどうジュース 850
紅茶 700
ビール
シェリー
ジン
ウイスキー

大坊珈琲店

ブレンド
1. 30g 100cc 700
2. 25g 100cc 650
3. 20g 100cc 600
4. 25g 50cc 700
5. 15g 150cc 600
・コーヒー豆 100g
・コーヒー券 11枚綴り
ミルクコーヒー 750
アイスコーヒー 700
ぶどうジュース 700
山ぶどうジュース 850
紅 茶 700

珈琲美美

写真の詳細は11ページをご参照ください

森光さん。

時間はかかりましたが、対談した本が、どうやら世に出ることになりましたよ。一緒に喜びましょう。

それなのに、どうしてあなたは今ここにいないんですか。まだ聞きたいことがありますよ。私だけじゃない。たくさんのコーヒーファンが、聞きたいことを残したままですよ。

大きな塊のような個性が、ぽっかり抜け落ちた空虚を、我々は埋めることができずにいます。たぶんこれからも、さらに大きくなるだろう空虚を、探り続けることになるでしょう。

森光さん。後輩に伝えることは使命だと、言ったじゃないですか。これからやるべきことが見えてきたと、言ったじゃないですか。

私は本当に恥ずかしいです。自分のことしか考えていなかった。二軒目の計画を止めたのも、そこに自分は居られない、ということが理由だったし、一代限りと決めていたこともそう。味だって、自分がおいしいと思えるものができれば、それでいいかな、ぐらいに考えていたところがあった。

森光さんには世界がありました。その先に珈琲の神がありました。世界中でそこをめざそうというビジョンがありました。そのための明解な理論がありました。少しでも森光理論を話してもらえ、それを形にすることが、この本の存在理由かもしれません。でも、まだ使命は果たしていませんよ。

エチオピアやイエメンにも、随《つ》いて行けばよかった。もっとおいしいものを探せば、見つかったかもしれない。森光さんは出掛ける、私は残る、ということが向き不向きだったのかなあ。向き不向きを考えると、手廻しロースターを廻し続けるということは、私に向いていたと言えそうな気もします。私には小さくなりたいという志向があったかもしれない。小さくなってじっとしていたい。社会の風は通り過ぎる。私は取り残される。そうとばかりは言えないけれど、結果として、そういう面はあったかもしれません。

例えば、手廻しロースターで焙煎している人を見つけたとします。でも次回そこへ行くと、モーターで廻るように改造している。当たり前だよな、と思います。そモーターで廻すことなど、簡単なことなのでれでも、自分もモーターをつけようとは思わない。手で廻した方が面倒がないな、と思ってしょうが、それよりは、自分で廻せばすむことだし、手で廻し続ける時は、ほとほといやになります。そまう。三時間も四時間も、多い日は五時間も手で廻し続ける時は、ほとほといやになります。それでも、モーターではなく、この時間を楽しい時間にすることの方を考える。片手で廻して、片手で本を読むとか。片手で持つには重すぎる本もずいぶん読みました。棚に並んでいた文庫は、焙煎の時間に読んだものが多いです。

焙煎はお客様が少ない時間帯なのですが、それでも目の前にお客様がおられる時に、本を読むのは失礼です。やっちゃいけないことです。お客様に失礼という以前に、焙煎という重要な仕事を、本を読みながらやること自体、不謹慎なことにちがいありません。さすがに本は閉じます。しかし、そうすると、黙って前を見ながら焼くことになります。目の前のお客様も黙って見ています。手を伸ばせば届くくらいのところで、二人が向かい合って座っているわけです。

「…………」

初めて来た人かもしれません。初めてではないにしても、一度も話したことがない人です。

「…………」

お客様の肩越しに窓が見えます。午前中の澄んだ光が射し込んでいます。豆を焼く煙が漂って、光に映し出されています。ちょっと開けられた隙間から入る風で、そこの煙が押し返されるように流されています。

「…………」

「そろそろかな……」

「えっ」

「火を弱めないと……」

「…………」

「苦いでしょう……」

「いえ、そんなでも……」

「早めに……弱めると……弱くなるんですよ……苦みが……」

「……あ、そう……」

「どうしよう？」

「え？」

煙がだんだん激しくなって、色見が忙しくなってくると集中してきますから、お客様の顔を見るヒマはなくなります。そして佳境に達し、豆はあけられます。一件落着。そこで目を向けると、お客様と目が合います。なんとなくにっこりしてしまいます。共同作業をしたみたいな気分で、私にとってはちょっと楽しい。

お客様にとっては突然声をかけられて、驚いたでしょうし、どんな気分で座っていたのかも私は全然わかっていませんでしたし、楽しくなんかなかったかもしれません。それでもあっという間に焙煎は終わりましたし、流れにまかせたように話しかけてしまったのですし……。単なるハプニングです。こんなこともあったという例です。手廻し焙煎も苦痛だけではないということの。

これが別室の焙煎所でやっていれば、こういうことは起こりようもありません。確かに煙の出る作業を、お客様の目の前で、それも営業時間にやってしまうということは、決してほめられたことではありませんが。

確かに早め早めに火を弱めると、苦みが抑えられます。弱めながら酸みが消えていくポイントまで進めて、そこからほんの一歩、ポイントを深くしますと、渋みも消えていきます。手廻しロースターはそういうポイントを手探りで捜すことができます。そう、いつも手探り状態でいるから、ああいう楽しみが生まれたのでしょうね。

さっきのお客様ですけれど、どういうワケで珈琲店の席に座ったのか、私にわかることではありません。お帰りになってから、あるいは二、三日たってから、もっと言えば閉店してから（今です）考えたりしてみるのです。

まあ、二人が接近した状態で黙ったまま向き合っていたワケで、時間がたって独り言の延長のようなつもりで声をかけただけです。そのせいでよけいに虚をつかれたと思います。ロースターを廻しているし、仮に何か聞きたいことがあったとしても、聞ける状況ではないですよね。どちらかといえば、今、私に話しかけてはいけませんよ、といっているような場面です。ただ、焙煎している人は、コーヒーをおいしくしようとしている。このままの火力でいこうか、弱めようか、どちらが今の場合甘みがでてくるだろう、という姿勢でいる。一応、前向きの気持ちでいるワケです。とすれば、突然声をかけられた時、その気持ちが移るってことはないだろうか。ぼんやりしていた一瞬のスキに移ってしまう。次の瞬間には豆は焼きあがり、煙と一緒にザルにあけられる。移っているとすれば、共同作業の気分が成就する。こんなこと妄想ですよ。そのお客様が、前向きの気分を移されたのなら――入ってきた時、後ろ向きの気分で入ってきたかなんて、まったくわからないことですけれど――気分よく帰られたかもしれない。

私は、そう思うことが楽しい。

作業も味も、自分さえよければよかった、といいますか……。これでは後輩に伝える理論には、なりそうもありません。

森光さんとの対談を終えた時、「またやろう!!」という気分になりました。もっともっと森光理論を話してもらい、私は経験をポツリポツリ話し、もし許されるなら、三人でも、四人でも――「待夢《タイム》珈琲店」の今井利夫さんもいるし、「珈琲　折り鶴」の藤原隆夫さんもいるし、珈琲屋を集めて話してもいい。

人は忙しい日々のなかで、ふと立ち止まります。立ち止まった時、これまでのことを考えます。そしてこれからのことを考えます。立ち止まる場所はいろいろあるでしょうが、珈琲店の椅子もそのひとつであれば、うれしく、思います。

大坊勝次

この本ができるまで

小坂章子

一杯のコーヒーに、人生のすべてを捧げるふたりの職人がいた。岩手県盛岡市出身の大坊勝次さんと、福岡県久留米市出身の森光宗男さんである。

いずれも四十余年、自家焙煎とハンドネルドリップという二本柱から深煎りコーヒーを見つめ、探求してきた珈琲屋の店主である。

それぞれの店は、「大坊珈琲店」「珈琲美美《びみ》」という。

彼らの手仕事から生まれる一杯には、品格と人間味が同居する「個」が宿り、歳月とともに、誰にも真似できない匂いをまとった。それこそが同業者から〝東の大坊、西の森光〟と呼ばれる所以《ゆえん》であり、証だろう。

今、世界のコーヒー業界はかつてない盛り上がりをみせている。日本もまた1970年代の喫茶店ブームを指すファーストウェーブ、1996年に銀座に一号店を開いた「スターバックスコーヒー」に代表されるセカンドウェーブを経て、2003年には、コーヒー豆の美味しさを数値で評価するスペシャルティコーヒーが登場した。希少性のある生育環境で育った生豆を啓蒙するその動きは、コーヒー界に共通言語と技術をもたらし、業界全体を活性させた。

そして2010年代は、豆の産地や銘柄のみならず、栽培した農園まで明らかにするサードウェーブに突入。その代表格が、アメリカはオークランド発祥の「ブルーボトルコーヒー」である。創業者のジェームス・フリーマンさんは、日本の純喫茶文化に多大なインスピレーションを受け、店づくりに生かしたという。なかでも「大坊珈琲店」で体験した一杯だてのネルドリップコーヒーには特別な感銘を受けたようで、彼らのコーヒー愛を描いたドキュメンタリー映画「A FILM ABOUT COFFEE」にも、大坊さんの抽出シーンが長回しで登場している。

つまり日本の喫茶文化は、世界から見ても特異なのだ。ことハンドネルドリップにおいては、効率とは真逆。継承するという強い意志がなければ、いつ消えてもおかしくない手間ひまのかかるやり方である。

しかし、どんなに機械化がすすもうと、便利な道具が生まれようと、手を使い、手で考え、手の中からものを生み出してきたのが日本人である。コーヒーも例外ではない。だからこそ、ふたりの言葉が生きてくるのではないだろうか。

一滴、また一滴。コーヒー豆の大地にゆっくり湯をおとすネルドリップの歴史は、世界初のコーヒー記録書によると1763年のフランスに遡る。ネルとはフランネル、つまり綿布のこと。片側が起毛した綿布を濾し器の枠に引っ掛けて、湯を注いでエキスを集めるこの抽出法は、煮出す文化から、濾す文化への変遷をかなえた。その後、日本人の先達らによって、ネルドリッパーとドリップポットを右手と左手にそれぞれ持つハンドネルドリップへと改良されていったという。抽出中は手が離せない。他のことは一切できないがゆえの〝一滴〟入魂。豆の状態を見ながら、微妙な手加減で繊細な味づくりができる点でも、実に優れた手仕事といえるだろう。

もうひとつ、珈琲屋にとって欠かせないのが自家焙煎である。森光さんは5キロ釜、大坊さんに至っては動力に頼らない1キロの手廻し焙煎器を用いて、自分の舌がよしとする豆を作り上げてきた。

そんなふたりは、偶然にも同じ1947年生まれだ。東京吉祥寺の「自家焙煎もか」にて、森光さんは駆け出しの従業員、大坊さんは珈琲屋を志す客として出会っている。互いの顔と名前が一致したのは独立後のことらしいが、東京と福岡で共通の客がいたこともあり、噂は耳に入っていた。会話らしい会話もしたことがないのに、同じ道を行く〝親友〟として互いを認めあう間柄だったというのは不思議な話だが、人が惹かれ合うというのは案外そんなものかもしれない。

私の人生の宝物は、大坊さんと森光さんはもちろん、全国のさまざまな街で愛される個性に満ちた店主たちとの出会いである。福岡でライターになって数年が過ぎた2007年、私は拙著『福岡喫茶散歩』（書肆侃侃房）を上梓した。オープンカフェの台頭により姿を消しつつあった昭和の純喫茶への憧れを綴った一冊だ。その取材を通じて森光さんとの交流が始まり、「大坊珈琲店」を始め、全国の珈琲屋を紹介していただくこととなった。

東京出張の際は、嬉々として「大坊珈琲店」の細い階段を上った。カウンターに滑り込み、濃厚なコーヒーを口にふくめば我が巣に戻ったかのように安堵したものだ。

そうして「珈琲美美」と「大坊珈琲店」の間を伝書鳩のように行き来するうち、ふたりが双方のコーヒーや生き方について、非常に親しい気持ちを抱いているとわかってきた。と同時に、店の在り方や客との関係性においても両者は重なるところが大きく、タイプは違うが根っこは同じだなあとも感じていた。一杯のコーヒーから見えてくる、作り手の品性や誠実さ、美しさというようなもの。それがどこからやってきて、どのように形づくられたものなのか、両者に語り合ってもらいたいと思ったのがこの企画のきっかけである。

計3回に及んだ対談では、東北人と九州人の気質の違いもあるのだろう、両者の特徴が際立った。考えを述べるとき、十分な「間」をとる大坊さんに対して、森光さんは流れ星のようにどこからいつ話が降ってくるか、よめないタイプ。大坊さんが熟考をかさね、沈黙の波間を一人さまよった末に何らかの糸口を摑み、口を開こうとした、そのとき、森光さんが先に口を開く。

「僕の場合はねえ」
タイミングがいいのか悪いのか、出鼻をくじかれた大坊さんは、だんだん無口になっていく。それでも森光さんがひょうひょうと持論を展開するうち、いつのまにか大坊さんも引き込まれて、「あっ、僕もそうなんだよ」と子供のように笑いあったりして。普段、店では見られない、ふたりの凸凹とした人間味が豊かな対話へと編まれていった。

1回目の対談は、2013年10月に福岡で。2回目は、同年11月に東京で。3回目は、2014年1月に再び福岡で行った。だが、その後の作業は一向に進まず、歳月だけが過ぎていった。その間には、いろんなことがあった。まずビルの老朽化によって2013年12月に「大坊珈琲店」が閉店。3年後には、森光さんがネルドリップセミナーの講師として赴いた韓国にて倒れ、帰らぬ人となった。

対談集の完成を指折り数えていた姿を思うと申し訳なさでいっぱいになったが、ふたりが紡いだ対話を一日も早く届けなければと気持ちを新たにした。

今回は大坊さんの強い意向もあり、多少わかりにくかったり言いよどんだりする部分も多いが、両者の関係性や普段の人柄が伝わるようドキュメンタリー風の構成にし、なるたけありのままの会話を残すことにした。また編集側からの質問に対しては、コーヒーに詳しくない人にもわかるように解説を加えながら話していただく場合も多々あった。また縁の下の力持ちとして両店主を支える大坊恵子さんと森光充子さんについても、別立てのコラムで紹介することにした。

タイトルの「珈琲屋」は、生豆の焙煎から抽出、さらには一杯のコーヒーを五感とともに味わう喫茶まで、つまり源流から川下までを自身の責任で行うコーヒー職人と、その人が営む店を指している。

手の中のコーヒーを来る日も来る日も見つめ続ける彼らのように、どんな仕事でもいい、夢中になってやり続けていれば、どんな人生にも通じる本質との邂逅も叶うのではないか。その可能性を一杯のコーヒーによって見せてくれる。それが「珈琲屋」という仕事なのだと思う。

「大坊珈琲店」が閉店したとき、なぜ、あれほど多くの人が別れを惜しんだのか。信念をもち、我が道を貫いてきた一人の偉大なコーヒー職人を失ってしまうことへの哀惜以上に、店主に重ねた自分の人生の一部をもぎとられる痛みを感じたからではないだろうか。

「珈琲屋」とは一体何だろうと考えると、最終的には、あらゆる条件を取っ払ったひとりの人間そのものにいきつくような気がする。コーヒーは、いつの時代も人間が作り、人間が味わうものだからだ。

ふたりの「珈琲屋」が何を考え、どのような道を歩んできたのか。この対談集を通して、彼らの言葉や思想、ふるまい、店に流れる空気すべてに宿る、美しい世界を体感していただけると嬉しい。

写真のこと

冒頭の写真についてご説明しておきたい。書名の入っている写真は、「美美」の窓辺に毎朝飾られるコーヒーの色見本。よいコーヒーは澄んでいることを伝えるためグラスを使用している。コーヒーの色というのは、誰がどこでどのような角度で見るか、どんな豆を使ってどう淹れるか、どんな器で包むか……といった複雑な要素でプリズムのように変わっていく。ここでは、光に透ける琥珀色のあわいを表現する一枚としてこの写真をここでは選んだ。

2ページ目からは、今はなき「大坊珈琲店」の懐かしい様子が映る。右上から時計回りに説明すると、右上は表参道交差点から見た風景。下は、升たかさんの器で味わうストレートのデミタス。ザルにあげた焙煎したての豆は光をまとい、宝石のように輝く。細い糸のように湯を落とす抽出。店の奥では、文中で紹介しているが、平野遼の絵画を掛けての「一点での絵の展覧会」が開催され、時折、絵の前で静かに佇む人もいたと記憶する。焙煎の佳境にさしかかると、大坊さんは豆のささやきに耳をかたむける。次ページは、朝の窓辺。外套掛けに店主のコートが掛かっていて人の気配を感じた。焙煎スプーンを釜に差し入れる動きはなめらかで迷いがなく、煙にいぶされた空間で粛々と焙煎する姿は、一枚の絵のようでもあった。

8ページ目からは、「美美」に足を踏み入れてみよう。焙煎前の生豆にひと工夫するのが「美美」流。香り高いデミタスに宿る品格。熊谷守一の絵を愛で、コーヒーを味わう至福。次ページへ。洗ってひと晩ねかせた豆と、掌で対話する。けやき並木を眺める焙煎室。師匠から継承した釜の焙煎は、早朝バーナーに点火するところから始まる。次ページは、季節を映しだすカウンター席。すみずみまで店主の感性がゆきわたる。14ページへ。ネルからこぼれ落ちるはじめの一滴は琥珀色に輝き、コーヒーの大地は虹色に瞬く。晩年、藍色の仕事着を愛用していた店主。襟もとには琥珀の石を。静かにコーヒーを飲んで帰る客を大切にしたいと語った。16ページは、一日の営業を終えた「美美」。街になくてはならない風景である。なお、絵画についてはどちらもご遺族のご快諾を得られた。感謝申し上げたい。

Text by Akiko Kosaka

ふたりの珈琲屋について

大坊勝次（だいぼう・かつじ）

１９４７年岩手県盛岡市に生まれる。１９７２年「だいろ珈琲店」に入店。珈琲店の基礎を学んだ後、１９７５年７月東京都港区南青山のビル２階にて、手廻し焙煎器による自家焙煎とネルドリップを軸とした「大坊珈琲店」を開業。以来、年中無休を貫き、世界中の愛好家にネルドリップの深煎りコーヒーを届けた。２０１３年12月老朽化によるビル取り壊しのため、惜しまれつつも閉店。それに伴い、１０００冊限定で制作した私家本『大坊珈琲店』には、縁のある35人の寄稿文と店主自身が記した大坊珈琲店のマニュアルなどを掲載。２０１４年台湾にて自家焙煎コーヒー店を営む人に向けて焙煎・抽出のセミナーを行う。２０１５年12月日本で公開されたドキュメンタリー映画「A FILM ABOUT COFFEE」に取り上げられ、日本独自のハンドネルドリップを世界に知らしめた。２０１７年には、「フジローヤル」より限定50台で発売された「ＦＵＪＩ手廻しロースター」を監修。現在は、全国各地で手廻し焙煎・抽出法をレクチャーし、後進に引き継いでいる。

森光宗男（もりみつ・むねお）

1947年福岡県久留米市に生まれる。1966年県立久留米高校卒業後、桑沢デザイン研究所（専門学校）入学のため、上京。ハワイ・オアフ島に半年間滞在の後、1972年東京・吉祥寺「自家焙煎もか」入店。マスターの標交紀氏に5年間師事した後、帰福。1977年12月福岡市中央区今泉に自家焙煎ホーム・コーヒー販売、ネルドリップの店「珈琲美美」を開業。1987年コーヒー産地視察のため、イエメンはバニー・マタル、ハジャラ、マナハを訪問。以来、モカコーヒーのスパイシーな香りに魅せられ、イエメン5回、エチオピア7回を始め、ケニア、インドネシア、フィリピンなどを訪れ、コーヒーのルーツをひもといた。2009年5月福岡市中央区赤坂けやき通りに移転。2012年、著書『モカに始まり』（手の間文庫）を出版。2016年には、自ら発案・監修したネルドリップ抽出器具「ネルブリューワーNELCCO（ねるっこ）」を「フジローヤル」より発売。一般家庭でも専門店に引けをとらないネルドリップの一杯を実現すべく、啓蒙活動を行う。2016年12月ネルドリップ普及セミナーの帰途、韓国の仁川空港にて倒れ、急逝。享年69。（現在、お店は妻の充子さんが引き継いで営業中）

珈琲美美

〒810-0042 福岡県福岡市中央区赤坂2-6-27　tel/fax: 092-713-6024

定休日: 月曜・第一火曜　営業時間: 12〜18時LO（豆売りは11〜19時）

目次

構成・文　小坂章子
写真　菅野健児（53ページのみ小坂章子）
ブックデザイン　仁木順平

珈琲屋

対談1

2013. 10. 15

「珈琲美美」にて

大坊が森光を訪ねた

大坊　森光さんと眼鏡をお揃いにしたんですよ。
森光　〝魯山人眼鏡〟ね。
大坊　先日いただいた帽子も持ってきました。帽子は、慣れですね。
森光　きちっと広げて。そうそう。まあ、襟立《えりたて》先生（倉敷の「珈琲館」のマスター、襟立博保氏のこと）みたいな感じだね。（以下、カッコ内はすべて編集部による）
大坊　そんな恐れ多いこと言わないで。これはどこの帽子ですか？
森光　僕がデザインして作った特注です。襟立先生のは、継ぎ目がない感じでした。イスラム文化圏では頭に「カーフィーヤ」という巻き物をするんです。まず「ターキーヤ」と呼ばれる丸い帽子をかぶった上からターバンを巻く。カーフィーヤって「コーヒー屋」に聞こえないこともないよね。インターネットで見たら、書いてあった。
大坊　この帽子をもらった御礼に、これ、持ってきたんだ（デミタスカップを手渡す）。帽子を無理矢理くれって言ったもんだから。
森光　わあ。これ遠慮なく。
大坊　ただね、貫入《かんにゅう》が入るんだ。
森光　うん、入っていいよ。
大坊　それがあんまりきれいじゃないんだ、ぐじゅぐじゅって入る。
森光　僕もね、硬質陶器をある人に頼んで、コーヒーカップとして購入したんだけど貫入の入り方が今ひとつなんだよねえ。でもありがとう。
大坊　ご自身で使われるなり、好きなように。
森光　この色絵もいいね。この作家は誰だっけ。
大坊　升《ます》たかさん。
森光　升さんか。この前、「大倉陶園」（1919年創業の横浜の洋食器メーカー。呉須の絵付けなど観賞価値が高い）のコーヒーカップの取材を受けているのを読んだけど、コーヒーカップは筒型が基本だって書いてあった（食後に少量を飲むデミタスコーヒーが主流だった歴史的経緯がある）。うちの場合、筒型は使わないんです。カップの底が放物線を描いているものしか使わない。内側から反射する光を拾ってコーヒーも明るく見えるから。

大坊　飲み進むにつれて、カップの色がきれいに見えてきますよね。「美美《びみ》」さんのは口が広がっている形ですけども、広さと少し反った具合が唇にフィットするということで選ばれたのですか。

森光　そう。（大坊さんが）今持っているのは「KPM」（ベルリン王立磁器製陶所／1763年から続くドイツの磁器窯）で、見た目はちゃちだけど実際はものすごく持ちやすい。

大坊　ああ、本当だ。

森光　口が広がっていると、普通はどうしてもバランスが把手《とって》の反対側に寄るから持ちづらいんだけど、これは実に考えられている。工芸品と呼ばれるカップの素晴しさです

大坊　大倉陶園は、柄がちょっと太く、指が入らないような作りになっているから、指で挟んで持ちます。その時にわりと手前にためられるところがあるでしょう。

森光　そうそう。

大坊　そこが私も気に入っているんです。それから、この大倉陶園の白。これは本当にきれいです。

森光　他の外国のメーカーよりもいちばん白いと思う。きっと良質なカオリン（白陶土）を使っている。

大坊　やっぱり手前にためられる、持った時に手の方に重心がくるような感じがします。

（出された珈琲を一口飲んで）今日のイブラヒム・モカ、すごく美味しいですね。

森光　いえいえいえ、ハッハハハ、ありがとうございます。

　先日、大坊さんがオオヤミノルさんと対談した本（『美味しいコーヒーって何だ？』）で味についての話を読んだよ。

大坊　読んだ？　じゃあ、それについての意見をまず聞こう。

森光　あの「7・0」という基準ね。

大坊　はい、深煎りの焙煎度合いの基準となるポイントを私は数字の「7・0」で表現します。酸みが消えていってほとんどゼロになるところ、甘みが顔を出すあたりの焙煎度合い。そこに線を引いておくと、それに基づいて微妙な深煎りの話が進められるかと勝手に決めたんです。別に8でも9でもいいんですけど、い

ちおう7。

森光　僕はね、サードウェーブ（インスタントコーヒーなどが家庭に普及したファースト、「スターバックス」など香り豊かな豆を味わうセカンドに続いてのサードウェーブ、第三の波。日本の喫茶文化が影響したと言われ、「ブルーボトルコーヒー」に代表されるような、厳選した豆を自家焙煎し、その場で丁寧にドリップで淹《い》れる特徴を持つ）が盛んに香り重視とか酸味重視とかやっているけど、コーヒーは果実の種子だからイメージ的にはナッツだと思ってる。大坊さんの話では銀杏《ぎんなん》が出てきたけど、僕は、クルミやカカオ、シナモン、マカダミアナッツ、ドライフルーツの風味を追っかけていく傾向がある。

大坊　…………。

森光　どうだろ？

大坊　今までそういう「何かのような」というふうに考えたことは、ありません。甘みがどういう形であるか、酸みがどういう形で残っているか、苦みがどういうふうに出ているか。私はそういう言い方をします。

森光　そうね。コーヒーはね、苦味だよ。いろーんなことを言われているけど、カフェインの苦味っていうのがあるんだよね。これはもうどうしようもない。

僕の師匠の「自家焙煎もか」（吉祥寺の珈琲店）のマスター（標交紀《しめぎゆきとし》さん）もよく言ってたけど、上品さや品格がある、そういう苦味です。そこをその人の感覚でどういうふうに出すか。

大坊　そのことを話す時は、お互いに言ったことを理解できるようにと数字を持ち出したわけですよ。7より少し深くした時に苦みというものがどういうふうに存在するか。甘みが苦みを包んでいる、包まれた苦みというふうにできること、ありますよね。ちょっと浅くして出てきたその酸みが甘みに包まれて存在するとき、いい酸みだなと私は思うんです。

森光　昔からお茶は渋味だというでしょ。渋味に代わる言葉は、コーヒーでいえば何になるかずっと考えていたんです。やっぱりコクだと思う。コクという言葉は、誰でも知っていて理解できるんだよね。みんな一度は体験したことがある。

大坊　お茶の渋みというのは、たとえば栗のシブとは違う渋みですよね。コーヒーの渋みという場合は、栗の渋みの渋みとしては使っていない。渋いという言葉に対して、好意的にとらえて「渋み」「コク」と使っているんじゃなかろうか、と、今の森光さんの話でよくわかる。コーヒーの場合、浅煎りにした時に渋みを感じたことや、ないしはちょっと酸みが強くなりすぎた時に、液体に栗のシブのような渋みが広がるという経験はありませんか？

森光　うーん、酸味のうまいやつを荻窪の「琲珈里《ひかり》」（南口駅前の路地に小さなスペースがあった）さんで飲んだことがあるんですよ。それはもうね、すごく強い酸味だったんだけど美味しい。だから、自分の好みかはともかくとして、旨い酸味というのはあるんだよね。

大坊　ええ、もちろんそれは、その通りです。

森光　酸味を表現するにあたって、「酸っぱい」と「酸味」の使い分けがうまくできていないところはあるんだけど……。酸味の追求だけとっても、ひとつの珈琲屋談義になりえるんじゃないかと思いますね。

大坊　私が今、ちょっと浅煎りにした時に渋みを感じたことがありませんかと聞いたのは、浅煎りがすべてそうなるってことではないですよ。浅煎りにしてもとてもいい酸みになるものもありますから。でも実際に、栗のシブのようなものを感じて口の中が渋くなることありませんか。

森光　言ってることの違いがわからないんだけど、たとえばグアテマラなんてのはわりとそういう良いシブを持ってる。

大坊　あ、それは一緒です。いろんな豆をティスティングしますけれど、その時にそういう渋みを感じた時がある。「あ、この豆はこの渋みを残そう」と思ってブレンドにする新たな仲間として加えたのは、おっしゃる通り、グアテマラです。

森光　うん、そうそう。

大坊　グアテマラについての最近の考えですけども、その渋みが消えるあたりがとってもね、好みなんです。そこのポイントの味が出るようにしたんですよ。

森光　そうよね。

大坊　布でいえば麻布のような、ちょっとキメの粗い、紗《しゃ》のような、そういう感じの味が生まれるということも発見したものですから。いい渋みを加えるためにグアテマラを採用したのに、今はそっちの方の消えるあたりのポイントを狙いとしています。

森光　グアテマラの持ち味なんだよね。それを生かしてあげるにはどうしたらいいかだろうね。

大坊　メニューにグアテマラってありますか？

森光　そりゃあ、ありますよ。

大坊　うちはないんです。追求してるけれども、それをブレンドにいれるだけなんです。

森光　うちはね、マンデリンベースのEの趣味ブレンド（「美美」には、「A淡味」「B中味」「C濃味」「D吟味」「E趣味」という5種のブレンドがある。次頁はメニューの一部）にグアテマラを加えたり、アイスコーヒーやデミタスでもバリエーションコーヒー（アレンジしたコーヒーのこと）に使ったりしているんです。それはさっき言ったグアテマラの渋味が消えるあたりの美味しさかな。アイスコーヒーにすると非常にいい。大坊さんがそれを手廻しでやれるのはすごいね。

大坊　皆さん、手廻しでよく焼けますねとおっしゃいますが、機械はもっとたやすくできるということですか。

森光　たやすいよ。

大坊　そんなことはないでしょう、同じでしょう。

森光　いや、たやすいよ。僕がいちばん最初にやったのは手網焙煎だった。次は鍋、次に手廻し。で、今は電動の機械。最初は3キロ、今は5キロ。だんだんコントロールしやすい段階を踏むんだよね。両手におさまる範囲こそが手仕事といえると思いますよ。大坊さんの手廻し焙煎器もそう。機械の焙煎機でいえば5キロ釜くらいまでじゃないかな。

大坊　自分の舌がこのポイントにしたいとはっきりと決めているから、どんな器具を使っていても、そこを目指して修正していくという意味では同じですよね。

森光　あとね、温度がありますよね。熱力学の第2法則じゃないけど……現在「真理」と呼ばれているもので確かなのは熱なんだよね。覆水盆に返らずで、やり直しはきかないけどね。だから温度っちゅうのは不思議なもので、そのものに対してどういうふうに作用するか、非常に大きな意味を持つ。

大坊　機械の場合は温度計がついているわけですね。手廻しは温度計もないですし。

森光　だから勘だよね。

大坊　テイスティングして、味のここを削りたいとか増やしたいとか感じて、明くる日また同じ豆を焙煎する時に、どうすればそれが実現できるかを模索する。早めに火力を下げて、下がった状態を長くして、とか。手廻しの調整はガスの元栓だけですから、１００％で始めて、12〜15分くらいの間に50％にするか、そこ

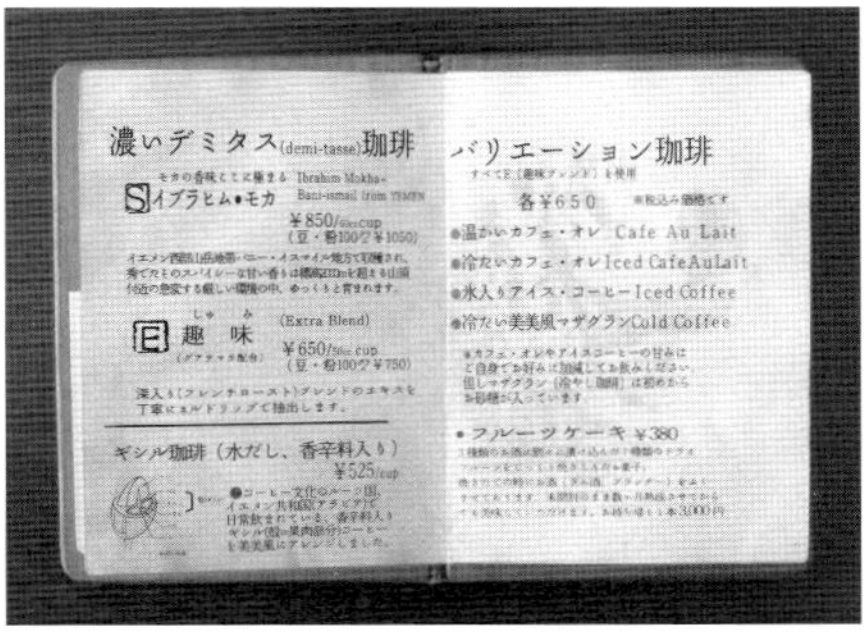

を10分くらいの時に50%にして、その時間を長くとるか、そういうことをいつも試行錯誤しているわけです。「あ、こうなるんだ」「ああなるんだ」というのを記録はとらないけども、経験で……。いちおうノートはつけますが、テイスティングした時の感覚を書くだけ。「こうしたからこうなった」というのは書かないんです。

森光　僕も10年くらい記録をとってたけど、もう最近は全然何にもなし。だって、どんどんどんどん自分の中で変わっていくじゃない。とったって意味ないもん。それよりも自分が体験したことで判断していくということの方がね。

大坊　そう、私はまったくそれしかないですね。何のデータも元にせずにやっているわけです。手廻しでよくできますねと言われるけれども、自分はそれしかやったことがなかったから、機械とか他の方法ならこうなるというのがわからない。手廻しで工夫するしかなかったから、そうしているにすぎないですね。

森光　それが大切だと思いますよ。

大坊　ただ、もうちょっと忙しくなれば機械が必要だろうから、どこに設置しようかとは考えていました。

手廻しがいちばんいいとか、手廻しでなければいけないとかいう考えはまったくないんです。ただ何とか間に合わせて、廻してやってきて、現在に至っているだけなんです。

森光　そう、それ大切ですよ。大坊さんの場合、焙煎器にあらかじめ温度をセットしておくことができないから、自分の勘で調整するしかない。それを何十年もかけてやっているのは、それだけで素晴しいと思いますよ。

大坊　あの手廻し焙煎器は、煙に引っ張られながら煙と一緒に焼くわけだからスモーキーになるんじゃないかと、周囲から随分と言われていたんだけど。

森光　「もか」のマスターも最初のホコリをとる時だけはダンパー（排気などを行い、空気量の調整を行う部位）を開いて、あとは閉めていました。で、最後に一気におろす。それをダンパーで操作する。手網焙煎のようなイメージで焼いた場合、自然排気しているから豆に負荷がかからない。でも機械の焙煎機のようにモーターでやってしまうと、そこに何か不自然ものが生まれるわけ。

大坊　ああ、手網で焼くようなイメージで機械の焙煎機を操作するということですね。ダンパーでやるのは……。

森光　火力調整です。ダンパーを開けて空気の量を増やせば、それだけ熱が高くなって火力も強くなる。「ふいご」（炉に風を送る道具）と同じですよ。それを機械でやる。

大坊　ああ、そういうこと。いろんな人と焙煎について話すようになったのは最近のことで、不勉強で申し訳ありません。

森光　いえいえ。ただ、さっきも言ったけど、大坊さんが穴の空いていない手廻しで焙煎をして焦げくさくならないというのは、実は大変なことなんだよ。

大坊　えーっ！

森光　知らないのは本人だけかもしれないけど。ハハハ。僕の場合は、最初に勤めていた「もか」では、襟立先生が特許を取った赤外線付き焙煎機を開発したこともあってそれを採用していたからね。前と後ろとにバーナーがあって、前の方は直火が入る穴空き状態なんだけど、後ろの方は、穴は覆って半熱風にするものを、最後の頃は使っていたね（「もか」の焙煎機を改良した「半直火半熱風」式の「美美」スタイルはここから来ている）。修業中に見ているから、それしか知らなかった。もちろん、修業中に自分でも焼いていましたよ。鍋や手網で焙煎したのをマスターに見せたら、「もっと膨らみがないとダメ」って突き返される、そんな繰り返しで……。

最初から、そういう焙煎機をクリアできるかどうかを目指していたわけです。

自家焙煎じゃないコーヒーは、むしろ〝普通のコーヒー〟なのかなという気がしていました。恐れ多いかもしれないけど、「もか」の先輩たちに「私は『もか』を超えるんだ」と公言していたんだから。先輩たちは「そんなことできるわけないだろ」って全然相手にしてくれなかったんだけど、でも志として、自分はそういう気持ちでやってきました。

大坊　「もか」には、よく行っていました。

森光　最初に「もか」に来たのはいつ？

大坊　1970年くらいかな、「もか」に新人が入ってきたんですよ、それが森光さんだった。あ、新しい人が入ったなと思った覚えがありますもん。入ったのは、1972年？

森光　そうだね。僕の数字はあてにならない、ハハハ（実際は、5年間勤めて、その約半年後の1977年12月8日に自分の店を始めている）。

大坊　その頃は、本当によく「もか」に行っていました。

森光　うん、そうね、いつも奥さんとふたりで。覚えてますよ。

大坊　でももっとも頻繁に行ったのは、私が一人のとき。妻が働いていて、私が働いていない時期がしばらくあったんですよ。その時、毎日毎日、井の頭公園に寄って「もか」でコーヒーを飲んで、吉祥寺で食材を買ってごはんを作って、〝働いている人〟を待ってた。

森光　へえー。その時、仕事は？

大坊　店を開いたのが1975年7月ですからね。その前の1年間くらいは、仕事をやめたばかりで資金もないし、もう一回就職しようとも考えてました。でも、もう自分で何かやろうって、お金もないのに始めることにしたんです。

森光　僕が聞いた話によると、大坊さんは銀行員だったって？

大坊　そうです、4年くらい。

森光　銀行員って待遇いいんじゃないの？

大坊　その頃の給料は、まあ安かったです。
森光　奥さんも銀行員だったの？
大坊　違います。「喫茶店を始めるなんて何考えてんだ」って、そういう時代でしたね。
森光　喫茶店は水商売、社会的に認められていない時代だったからですよ。今でこそ珈琲屋というと、ある時期から脱サラしたら自分もやるんだとそんなイメージがあるんだけど、その頃はなかった。
大坊　妻のご両親に挨拶に行った後、すぐに銀行を辞めたんです。辞めた後、1年以上妻は両親に黙ってました。
森光　ハハハハハ。その後は？
大坊　「だいろ珈琲店」（東京・南青山の路地にあった）という店を作った人がいたんです。一緒に仕事をしていた長畑駿一郎さんという方から店を始めるプランを聞かされた時に、私の方から一緒にやらせてくださいと言いました。開店のときからお手伝いをさせていただきました。それが私の修業です。
森光　ああ、私、一度行ったことあるよ。今の大坊さんの店の近くでしょ。
大坊　ですが、私は1年間しかいませんでした（だからそこで直接会ってはいない）。「だいろ珈琲店」は、最初は手廻し、それから機械に変わりましたけど、自家焙煎でした。その時に私も500グラムのサンプルロースターを手に入れて、アパートで焙煎を始めました。今の店では、1キロの手廻しを使っています。自分の店のノートをめくっていきましたら、1992年に福岡の「美美珈琲」、吉祥寺「もか」出身の人の店という記載があるんです。ですから、初めて「美美」を知ったのは当時だと思います。だけどそれからすぐの1994年に、お客様が「美美」の豆を持ってきてくださった。1997年にイブラヒム・モカの産地に行こうというお誘いがきた。産地訪問は、これが初めてですか？
森光　いや、1987年が最初ですね。
大坊　そんな早くから。最初、ノートに「みみ珈琲」って書いてました。
森光　ああ、耳が痛いってやつよね、ハハハ。
大坊　だけどその時は、「もか」の新人の人とはわかっていませんでした。あの人なんだと気づいたのは、福岡にコーヒーを飲みに行くようになってからです。
　森光さんは、準備万端で独立したんですか。

森光　いやあ、そんなことないですよ。ただコーヒー豆と焙煎機の当てだけはつけてました。まず店を開く時に、「もか」のつながりで私たちと同い歳の「ワタル」（コーヒー生豆の輸入商社）の営業担当で、後に大阪支店長になった方を紹介してもらったんです。「珈琲屋で儲けてくださいね、それが取引の条件です」って。それだけは守れなかったような。

大坊　いや、そんなことはないですよ。すぐではなくとも、だんだんその要求に応えていかれた。

森光　オオヤさんとの対談で、珈琲屋を辞めたくなったことがあったと言ってたよね。

大坊　ああ、あれは手廻しをずっと廻しっぱなしの苦労を言ったんです。2時間、3時間であれば毎日でもいつのまにか終わっているわけですけど、さすがに4時間、5時間になると、ほとほとイヤになっちゃう。そういう意味で言いました。珈琲屋がイヤになったことはいっぺんもないです。

森光　なるほど。銀杏煎りや鍋を手廻しでやるのは、納得がいくんですよ。機械でやると最初は納得がいかない味になるんです。焙煎機の使い方をよく知らないし、どういうことが中で起きているかわからないから。

ダンパーひとつにしてもどういう役割でどれだけの熱量が関係しているかも知らなくて、明日出すコーヒーがないなんてこともあってね。そういう時は、自分で嫌になる。やっても失敗ばかりで、機械だから、それこそ山ほど失敗作ができるんです。

大坊　自分が納得できない味を出さなきゃいけない時ほど苦しいもんはないもんねえ。

森光　そう、そういう時は辞めたくなる。

大坊　お客様に言い訳できることではないですからね。

森光　僕はそのつどお客様なり知人なりに助けられました。そういう時、現れるんですよね。それは自分でも不思議でならない。あいつだったらいつか、いつかは、うまいコーヒーを出してくれるんじゃないかって、お客様が感じてくれたからだと思うんだけどね。

もちろん「もか」に入って珈琲屋をやるって思った時から始まっていることです。僕は〝珈琲の神様〟って呼んでるんだけど、そういう人を遣いに出してくれるっていうかな。その連続で今まできてるよね。

大坊　森光さんがそういうふうに思ったからそういうふうになったんですよ。例えばAという人が来た。あ、救われたと思う。逆にBという人が来ても、同じように思う。そういうふうな人がたくさんいる。困った時に来た人をみて、その人に救われたと思う。いいかげんな気持ちでコーヒーと向き合っているわけじゃない森光さん自身の気持ちがそうさせているわけですよ。私は森光さんが言われることを尊重しますよ、神様が遣わしたというのを尊重します……純粋ですね。

森光　ハハハハハ。

珈琲屋というのは、人生をかけるに値する仕事だと思うんだけど、途中で「待っても待ってもお客さんが来ない」、そういう時期を通らないといけない。それだけは本当に辛いです。自分の思うようなコーヒーを出せないことと、お客さんが来ないこと。そういう時期を通り過ぎて初めて、今の喜びみたいなものがあると思うけどね。大坊さんは、そこはどう？

大坊　夫婦で話したことのあるひとつの原点は、リヤカーに手廻しロースターを積んで団地にコーヒーを売りに行こうってことなんです。

そこで焙煎して匂いをまきちらして、コーヒーに気づいた何人かでも買いに来てくれたらいい。そこにひとつ私たちの原点があるわけですよ。そういうことを考えれば何にでも耐えられるという気持ちはあります。

森光　僕の場合、珈琲屋さんになるというのは、母の叔母にあたるハワイ移民のばあちゃんとの出会いがきっかけです。当時、福岡県や熊本県、山口県あたりからハワイに渡って、コーヒー栽培を始めた人がたくさんいたんです。写真だけを見て異国に嫁ぐピクチャーブライド、海を渡った移民ですよね。

ばあちゃんもオアフ島にある楢原ファームで苦労しながらも成功してね。クリスマスになるとチョコレートやコーヒーを日本に送ってくれたので、僕は物心ついた頃からコーヒーを飲んでいた。20代前半でハワイのばあちゃんのコーヒー農園を訪ねた時、ああ、この移民の人たちが育てている赤い果実が子供の頃に飲んだコーヒーなんだって気がついた。そのばあちゃんがさ、夕方になると日本の方に向かって一生懸命に祈っていたんです。その後ろ姿をみてね、僕はなにか感動するところがあった。それまで学生運動をやっていたのが挫折して、希望をなくしたところにそういう人が現れたんです。

自分も珈琲屋になろうと決定的に思ったんだよね。ハワイでコーヒーを日常的に飲む生活を体験した後、東京の吉祥寺「もか」を営む伝説的な標マスターと巡り会った頃です。「もか」には木版画家の奥山儀八郎先生やコーヒー研究家の井上誠先生、襟立先生、といった錚々たるメンバーの方々が出入りしていました。そこが自分の中では根本にあると思います。僕は、ハワイに行くまでは暗い人間だったと思いますねえ。
　うちは久留米（福岡県）で洋品店を営んでて、親父はギターが上手な人で、子供の頃から音楽には馴染みがありました。ただ親父は「世の中は万事カネ」という戦中派だったんで、僕が東京でデザインの勉強をしたいと訴えても理解してもらえなかった。高校生の時は美術部で楽しい思いをしたこともあるんだけど、連中とワイワイやっていても、何か悶々としていて……。コーヒーに出合うまでは、自分の考えを具体化できるものが何もなかったからね。若い頃は、そういうものを必死で探していたんでしょう。
　好きな作家、稲垣足穂《いながきたるほ》を知ったのはデザインの専門学校時代。ものすごく髪の長い、普通の人は到底読めない仏教のお経を3回も読むような変わった友人に教えてもらいました。タルホの世界は今まで読んだことがない文章だったのですぐのめり込んだね。稲垣さんはずっと上の方から、私たち人間を俯瞰して見ているというか、ものを見る視点がまるで違うんだよね。

大坊　私の親父は、紳士服の仕立屋だったんですよ。注文取りから生地選び、縫製まで一人でこなす寡黙な人でした。母親は和裁で家計を助けていたんですけども、3歳の頃に関東大震災を体験しています。親元を離れて、岩手の親戚の家に預けられたと聞いています。私は兄と妹の三人兄妹の真ん中。

森光　どんな子だった？

大坊　忘れた、と言いたいところだけど……、勉強はわりとできる方だったかもしれません。中学2年生で級長になって、3年生では生徒会の副会長もしました。ただ中学時代は授業中にいたずらばかりするものだから、クラスの女子全員から呼び出されて級長の自覚が足りないと吊るし上げをくったことがあったなあ。優等生グループと不良グループ、両方とつきあっていました。優等生とつきあっている時に不良をみると、何やってるのか興味を持つものですから。親からああしろこうしろと言われたことはなくて、俺は俺の道をいくと小さい頃から思っていましたねえ。

森光　お店の名前にもなっている大坊って名字は、岩手では多いの？

大坊　多くもないけど珍しくもないかな。

森光　名前の由来は、聞いたことある？

大坊　大坊っていう地名はあちこちにあります。誰かが言ったことで憶えていることでは、「宿坊」だろうって。

森光　ああ。

大坊　大坊、中坊、小坊という宿坊があったとすれば、大坊というのは大部屋、身分の低いお坊さんが宿にする、それじゃなかろうかと言った人がいました。あちこちにあるのか、白州《はくしゅう》（山梨県）ってところにサントリーの蒸溜所があるんですけど、そのそばに「大坊」とあります。長野や、石川の珠洲《すず》焼のところにもあります。小さい地域の名前らしいですけど。何もコーヒーにつながるものがなくてスミマセンね。

森光　看板の文字は？

大坊　内装の図面を引いてくれた人の本業がデザイナーだったんですよ。それで店名のロゴを考えましょうと何種類か作ってもってきてくれた候補の一つをふたりで少し修正して、あの形にしました。

　昔むかしのことです。そしたらね、独特の書体でしょう、あの「大坊珈琲店」の〝珈琲〟っていう字。そ

れが、看板屋さんのサンプル書体として使われていたんですよ。ある時、鎌倉の駅に降りたら目に入ったの。あれっ、うちの字だって。自分の知り合いの珈琲屋もこの字を使ったというから、わけを聞いたら看板屋さんにあったよって。

森光　ええっ？

大坊　ああいうのはね、主張してもたぶん通らないいんだよ。

森光　通らないっていったってさ……。

大坊　開店直後はお客さん、少なかったね。ほんとうに苦しかったですからね。

森光　やっぱり親から援助してもらったこともありますよねえ。月末になるともうお金がないでしょ。そういう時に限って不思議なんだけど大量注文が入ったり、回数券を買ってくれるお客さんがいたりして、そういうので乗りきってきた。

ただね、コーヒーを目的に来てくれるお客さんが一人でもいたら、その一日、珈琲屋をやっていてよかったなあという気持ちがある。それは、当時も今も変わりませんね。

大坊　コーヒーだけじゃなくて昼飯やったらどうだとは言われました。それで特別なパンを作ってみようか、なんて一応考えるんです。でも時間をかけて考えて、結局採用しないできました。

確かに売り上げは十分ではないけれども、手応えのようなものを感じてはいました。それだけが頼りだったような気がしますね。少ないけれども反応や手応えを感じるからやれる、これは大事ですよね。明日の支払いの足しにはならないけれども。それと、その手応えが自分たちのやり方を変えずに乗り越えられた拠りどころですね。ですからさっき森光さんがおっしゃった、たった一人のお客様の手応えだけだったかもしれません。たった一人なのにそれを何十人もいるように錯覚しているだけだったかもしれない。でもそれが、嬉しかったですねえ。

それを具体的に感じるのは目です。当時、自分はまだ若造ですから、年上のお客様がよくいらして、はっきりと言葉で励ましてくれる人もいました。「このコーヒーなんだよ」って言ってくださる方もいました。

森光　あの頃ってね、どのお客さんが来ているか目には見えないのに、見えないけどあの人が来ている、そうわかる時があるんですよねえ。感じるんだよね。ハッハハハ。

大坊　私の場合はこういうことです。あるお客様のことを誰々さん最近来てないなって思い浮かべる。そうすると来る。

森光　食えない時代はどんなお客さんが来てもよかったんですけど、ヤクザが来るのだけはね、あの頃よくいましたから。コーヒーを薄めろ、お湯をたせばいいじゃないかってすごまれて、決してそういうことはやりませんでしたけど、喧嘩した。でも、それからも来てくれました。

大坊　そういうことってあるんだよね、また来るんだよね。何かがあるんですよね、そういう人。うちも、今よりもっと苦かったから、タクシー運転手のお客さんに薄めろって言われたことがありました。

開店初日は忙しかったです。7月1日、あっつい日でした。その日は食べ物がのどを通らなくなりました。隣のお蕎麦屋さんに行ってもなんにも食べられないのです。

招待ってことはやりませんでした。ただ店のカードを一軒一軒、半径1キロの郵便受けに入れて廻ったんです。大通りに面してましたから、工事中に前を歩いていた人が何だろうって思ってたかもしれません。その時は、遠くからわざわざ来てくれる珈琲店というものを考えるな、近所の人が来てくれる店づくりを考えろ、と自分に一生懸命言い聞かせていたような気がします。

今、思い出しました、どうしてなんだろう……。遠くの人がわざわざ来てくれるのは嬉しいですよね、ありがたいことですよね。それももちろん大事なことだけども、近所の人が来てくれることを考えるっていうこと。最初のお客さんは近所の人でした。

森光　でも開店から3日過ぎたら、パッと減ったね。初日は知り合いが来てくれるからまあまあ忙しいんですが、3日もすれば落ちつくし、1週間もすればパタッとお客さんが来なくなる。

なにしろ、まず焙煎がうまくいかなかったねえ。捨ててましたねえ。当時はアメリカンコーヒーの全盛時代でした。

だいたいが、深煎りコーヒーを好む人口は東京でも少なかったんじゃないかな、せいぜい「もか」とかあそこらへんだもんね……福岡はなかったんじゃないかな。

大坊　開店当初は、深煎りコーヒーが今より市民権を得ていなかった。

森光　いや、そうとも言えない。建築家に白井晟一《せいいち》という人がいるでしょ。あの人は隠れてうちのコーヒーを飲んでくれていたらしいけど、途中からやめちゃったんだよね。それはね、昔ほど苦くないという理由だったらしいと息子さんから聞いた。うんと苦い昔の味を求めるというのは、珈琲屋としてはちょっと違う。

大坊　そうですね。これはちょっと煎りすぎで味のふくらみがないじゃないかと、今の自分が飲むと苦いコーヒーが開店当初は多かったと思うんです。それが好きだという人がいるんですよ。

森光　そうそう。あの塩っ辛い、しょっぱいって言っていたあの味は僕も経験があって、確かに何でこんな味になるのかわからない時期があったんだよ。その人の味覚なり、その人が置かれている精神状態なり状況なりで、人それぞれに求める味は違ってきますね。

大坊　そうですね。コーヒーを作る人が１００人いれば、１００通りのこだわりがあるし、飲む人が１００人いれば１００通りの好みがあるって、この頃つくづく思います。

森光　昔、今泉（福岡市）でやっていた頃は穴蔵みたいな感じで、「大坊珈琲店」に近い間取りでした。「もか」のマスターが２００７年の12月に亡くなって、備品を引き取る人がいなくて、結局、僕が引き取ることになったんだけど、前の店では狭すぎて置けなかったんだよね。前の店の大家さんも亡くなったので、隣の和菓子屋の部分までを含めた設計図を描いてもらおうと準備していたら、ここが空いたんです（２００９年5月1日に今泉から市内の赤坂に移転した。１９７７年の開店以来、引っ越しはこの一度のみ）。

　5〜6年前から目をつけていた場所だったものだから、さっきも言ったけど神様みたいな人がいて、こっちに移って来いって言われたような気がした。ちょうど備品も置けたし、こういう店作りができたんです。

　やっぱり店というのは、場所や環境でも変わるんだよね。これだけ緑が豊かで魅力的な場所だから、前の穴蔵的な空間とは違う、もっと明るい開放的な店づくりをしようと僕は思ったわけ。当然、焙煎も前と違う感じになりますよね。前の焙煎機の時は、排煙の役割を果たすダンパーも閉じ気味でやってたんだけど、こっちに来て5キロに変わってからは、苦味がベースにあるんだけど、明るいコーヒーを作ろうと思ったんです。

大坊さんも今回、閉店せざるをえない状況になって、僕は来年早々にでも新しい店を持ってほしいというふうに思うわけだけど、どうですか？　この前は、「未定」だって逃げられたけどさ。

大坊　…………。

正直まったく「未定」です。今と同じような場所で同じような形でやるか、あるいはちょっと引っ込んだ場所で規模を小さくして……とか。

森光　規模を小さくしてって、今も小さいじゃない！

大坊　これから閉店の2013年12月まで大変だと思うので、その後にどういう気持ちでいられるか、それを待っている状態です。さっき森光さんが話されていたように、前の店で展開しようと思っていた時にちょうどここが空いたという話を聞いて、自分としても感慨深いものがありました。今泉の前の店は、街の雑踏の混沌とともにあった。街の中にあるというのはそういうことですよね。自分もそれを選択したつもりだったんですよ。わりあい離れた場所に店を作る……。どうしてそういうふうに行きにくくするのかな、というう店の作り方ってありますよね。それは、混沌を敬遠している気がするんです。大袈裟な言い方をすると、私は混沌の中で珈琲屋をやりたい気持ちがありました。

もともと現代とは混沌としているものだと思うんですよ。私は店をやるうえで、混沌の中で自分を率直に出して、それがどれだけ受け入れられるだろうかと、いつも考えていました。かといってコーヒー通だけの店にはしたくないし、この街はこういう色の街だから、その色のようにやろうとも思わなかった。コーヒーがそれほど好きではないという人もくる、その中で自分とまったく違う感覚を持った人にも飲んでもらって、それを自分がどのくらい受け入れられるか。どっちも同じことかもしれないけれども、そういうことを考えました。

森光　そこは、僕も同じだよ。故郷の久留米ではなく、福岡に店を開いた理由は、コーヒーではなく喋りにくる知り合いが多い環境だけは避けたかったというかな。僕は巡り合わせでこの場所にいきついたけど、大坊さんはこれから選択できるわけだよね。それこそ田舎に作ることも可能だし、街の混沌の中で続けることもできる。

大坊　今は「未定」としか言いようがないんです。

森光　「海の上のピアニスト」というイタリア映画は見たことある?

大坊　いいえ。

森光　欧州とアメリカを往復する豪華客船があって、その中には金持ちもいれば、移民の人たちもいて、おそらく移民の子供だろうと思うけど、船の中で生を享《う》けた子が「ダニー・ブードマン・T・D（Thanks Danny）レモン・1900」という長たらしい名前をつけられるのね。ある黒人に育てられて、その子は天才ピアニストになるんだよ。何の曲でも即興で弾ける。昔のバッハもそうで、音楽って実力があるとそういうものなんだよね。

　船の中から一歩も外に出なくて死んでしまう、その物語が面白い。親がトラブルを恐れて戸籍もないわけさ。そのピアニストが、ジャズを発明したという人から挑戦を受けたり、ある女性に恋をしてアメリカ大陸に揚がろうとするんだけど、ビルが濫立しているのを見て、自分はそういう世界では生きていけないと行くのをやめたりね。何十年間か船で過ごすうちに、最終的に船は傷んで使いものにならない状態になり、ダイナマイトで爆破することになるんだ。でも「1900」は、この船とともに自分は死ぬんだって言って、コーンというトランペット吹きの親友が船の中を一生懸命捜すんだけど、最後には船もろとも死んでいく。

　実によくできている映画だと思うんだけど、何が面白いってストーリーの構成がクラシック音楽のいちばん基本的なコードの法則に即してるというかな。ドの和音で始まってドの和音で終わるピアニストの生涯ってさ、何か僕は大坊さんを思い起こしたんだよね。というのは、やっぱり僕は、大坊さんは一種のコーヒーの天才的なものを持っていると思うから。珈琲屋としてのそういう使命を持っている。自分を知る人であって欲しいという願望、希望だよね。

大坊　ドで始まってドで終わるというのは、どういう意味ですか。

森光　音楽の世界は科学的に理論化されていて、たとえばハ長調の場合、ドミソって純正律和音がいちばん快い。ドミソ、ソシレ、ファラドという3和音を学生時代に教わったと思うけど、ドミソ、ソシレ、ファラドのなかにドレミファソラシの全部が含まれる。純正律の長所は、倍音のうなり（濁り）を伴わないから快いんだけど、転調や移調が難しいのが短所。そこで平均律で演奏するようになったり、またカデンツの法則（トニック、ドミナント、サブドミナント）のように起承転結があったりして、引力の形式が生まれてトニックに始まり、トニックに終わろうとする。途中でサブドミナントやドミナントを経るんだけど、最後は最も安定感のあるトニックに終わろうとする。無理にではなく、自然の摂理のようにそうなるっていうかな。それがドで始まり、ドで終わるってことですよ。

　引力という言葉は、運命とかその人の使命とも言い換えられるけど、そういうものが僕はあると思っていて、どう寄り道しても働くと思うんだよね。大坊さんはコーヒーにそういう使命なり才能なりを持っているんだから、やっぱり全うすべきだと思う。

大坊　そうお……どうもありがとう……。

　前に九州でコーヒーイベントがあって、エチオピアのコーヒー商社の方が見えたときかな。味の説明をするのに初めて倍音という言葉を使われましたよね。あの時、倍音が何かあまりわかっていなかったのですが、ハーモニーということもおっしゃっていたので何かわかるような気がして、それから倍音について勉強したんですけど、難しくて。

森光　いやあ、難しいところは専門家に任せればいいんですよ。だからほら、コーヒーでも美しいものでも、大切なのはやっぱり余韻だと思う。余韻が豊かかどうかで判断しても、僕は間違いじゃないような気がする。その余韻を持つということが音楽でいえば倍音だし、絵画でいえば調和だし、味覚でいえば飲み終わったあとの余韻だよ。

大坊　その余韻というのが、味そのものによるのは間違いないけども、しかし飲んだ人に備わっている感覚による場合も多いですよね。コーヒーの味の経験による核が今求めるコーヒーの感覚になるし、絵画にしろ音楽にしろ自分の感覚で培われた核のようなものが引きずっていくものはありますね。絵画なんてものは特に、それだけを頼りに見ているようなところはあります。

森光　うーん、必ずしもそうじゃなくして、音楽というものは1小節や2小節のテーマの展開なんだよね。僕は昔、なんで音楽家というのはこんな膨大な楽譜を書けるのだろうと不思議でしょうがなかったんだけど、あれはテーマの展開、その人がテーマを持ち得るかどうか。それもね、やっぱり求めないと見えない。その人がイメージしないとありえない世界なんだよ。

僕はね、それをコーヒーのブレンド作りにイメージとして用いるんです。単品で焙煎したものを三つの和音の組み合わせでブレンドする、それができた時に初めて、深い余韻が生まれる。自分の中にそういう思い込みがあって、それに近づけていく。

僕にはこれまでに感動した三つのコーヒーというのがあります。美味しいコーヒーを飲みたいっていう気持ちで、その店に期待して求めてたんだよね。まったく形は違うし、まったく別な味わいだけど、自分の中に残っています。残るのは何かっていうと、調和や倍音の世界だと思う。リズム、メロディ、ハーモニーというのがあって、リズムやメロディは他の動物でも感知できる世界なんだけど、ハーモニーは人間にしか感知できない、とらえきれない世界。人間にはそういう何かがあるんだよね。

大坊　私も、珈琲屋をやり続けるなかで興味のある人やモノに出会ったら、一生懸命に見続けようと心に決めてやってきました。美術や音楽、小説、焼きものでも何でも、好きでも嫌いでもまずは一生懸命に見る。見続けることによって何かが生まれるのではないか。そういうものを店に直接反映させるということではなく、そういうものを持った人間が珈琲屋の店主であることは、反映させようと無理をしなくても店の中に自然とにじみ出るものではなかろうかって。

森光　これまで生きてきた中で、たくさんの感動を体験してきましたよね。ご飯にしても、そう。炊飯器よりも、子供の頃に自分で初めて薪で炊いた竈《かまど》のご飯の方がやっぱりおいしい。今は炊飯器で炊いたご飯を食べていますが、自分の中にあるご飯のおいしさは薪で炊いた味かな。コーヒーも同じで、これまでに感動したのはネルドリップの一杯だけですね。

大坊　昔の話なんですけどね。修学旅行で福井県の中学校から東京に来る生徒の希望を募ったら、「大坊珈琲店」に行きたいという子が3人いたという手紙が届いたんです。もちろんいいですよと返事を書いたんです。で、まあ薄い方がいいだろうと、薄いコーヒーを出して、だけどちょっと思うところがあって、最後に4番のデミタスという濃いコーヒーを出したんです。帰りにどれがよかったかって聞いたら、デミタスが好みだったって。コーヒーの味としては初めての経験をしたといってもいい彼らがあの苦いデミタスを選んでくれたのは、何となくね、嬉しいような気がしました。

森光　きっと、味覚以上に訴える何かそういうものがあるんだよね。人間の耳は音楽、目は絵画の世界、美しいと感じる世界がちゃんとあって、味覚にも通じるんだと思う。科学的にははっきりと体系づけられていないから、それこそ「芸術新潮」でコーヒーの味わいを「美」という切り口で特集したいと言われた時、まだちょっと早いんじゃないかと言ったんだけどね。感覚だけではダメで、ある程度理論化できる世界と味わいがあって、初めて理解できると思うんですよね。

　さっき和音の組み合わせで僕はブレンドを追いかけているって言ったけど、色彩論で考えても、より対比する色彩、つまり性格の違う豆を合わせた方が、味わいのバランスもよくなるんですよ。画家の平野遼（１９２７～１９９２。独学で絵をまなぶ。無所属で九州・小倉を拠点として個展を中心に制作発表を行った。ジャコメッティに傾倒し、褐色、灰白色を基調に一貫して人間をモティーフとした）が「光は闇からくる」という言葉を残したそうだけど、ゲーテ（ドイツの詩人、劇作家、小説家、自然科学者であり、政治家、法律家。『色彩論』は日本語でも読める）も、闇にも色彩があると言ったんですよ。

　ねえ、この道具、知ってる？

大坊　いいえ、何ですか。

森光　三角プリズムといって、この黒い線に向けて拡大しながらプリズムを離していくと、青、紫、赤、橙、黄などの色彩がうかんで、さらに離すと、ある地点で青、赤、黄の三色になる。ゲーテが提唱する色の三原色ですね。見えた？

大坊　ああ、見えた見えた！

森光　青、赤、黄って見えたでしょう。この黒い線（闇）が三原色になったとゲーテが言い始めるんです。自分なりの色感というのかな、ゲーテが１８１０年に発表した「色彩環」を見て美しいと思うかどうか。その人の感性によるものだけど僕は美しいと思います。

　色彩環は、音階ともいえるかもしれない。今朝の朝日新聞にターナー（１７７５～１８５１。イギリスロマン主義の画家）が特集されていたけど、彼もゲーテの色彩論の影響を受けた人なんだよね。

大坊　平野遼の絵を見ると、ターナーですかって聞く人がいるんです。確かに絵を描く人はこういう理論を知り尽くしているものでしょうし、音楽が好きな人も音楽の理論は知っているでしょう。しかし、私が平野遼を好きだとか誰々を好きだとかいうのは、心の核、その核がいろんな経験によって培われて生まれる感覚の問題であって。要するに、私はこういうものを絵画論として分析したいと思ったことは一度もありません。

森光 それはまあ大切なことなんだけど、たとえばイメージがあって具体化する作業があるじゃない。目、耳、鼻、口も含めて、具体化する手がある。

大坊 といいますか、感覚で自分が「あ、いい」と思ったものがあるとしますね。それはある意味で感覚的に直感したことなんです。この絵のどこが気に入ってどこが好きなんだと、私はそれを言葉になおす作業をします。

たぶんそれはひとつの具体化かもしれません。たぶん人に伝える時に、言葉になおせると思ってるからですよ。それはずっと思っています。ひとつで的確にとらえるんじゃなくて、いろんな語彙の組み合わせによって、言葉は伝えうるんじゃないかと今でも思い続けています。簡単にはできないですけどね。

森光 でも詩人の中には、やってのける人がいるよね。

大坊 それも同じように、言葉からいろんな想像をすることによって受けとめているということですよね。科学的に証明できるかどうかといえば、うまくいかない。

森光 いや、そういう世界があるってこと。半分は科学的に理論化できるわけさ。でもその半分のおおもとのイメージ、テーマのメロディというのは、その人が持っているものなんです。その人のイメージがあって、初めて理論を使って、ひとつの壮大な曲を作ることができる。だからコーヒーでもイメージがあって、理論があって、初めて作ることができるんだよね。

大坊 そうです。確かに自分には最初にイメージがあり、それを経験によってイメージに近づけていって……。

森光 そうそう。

大坊 「7」を使ってある程度そのポイントを考えているんです。それを集めてひとつのブレンドとして成り立つよう理論化している部分もあります。

そうですね、イメージがあって、それを経験によって展開してきて、話をする時に言葉に置きかえるにはどうしたらいいかと考えます。

森光　自分で体験することがいかに大切かっていうことです。自分の見方でものを見ることが体験になってその人の理論にもなるし、具体化する作業でもあるわけだ。そこらへんで苦労しないで文献ばかり読んでるというのではね。

まあ、スペシャルティコーヒー（オークションで落札され、世界の生産量のわずか5％ほど。豆からカップまで、サステナビリティ［持続可能性］とトレーサビリティ［追跡可能性］の評価基準をクリアしたもの）をけなすわけじゃないけど、誰かに決められたものを信じてしまうのは面白くない。そうではなく、自分で体験することによって、よりよい方法を選び、納得できることを積み重ねていく。そういう作業を僕はやって欲しいです。

大坊　それはまったく味についても同じでなければいけないと思いますよ。私自身は、世の中にまかり通っている常識やランキング、〝はい〟か〝いいえ〟の二者択一にも抵抗があります。だってここからここまでが〝はい〟としたって、〝いいえ〟に近い〝はい〟もあるだろうし、そうでない場合もあると思うんですよ。どっちも同じ〝はい〟というのは合点がいかないわけです。

言葉ひとつとっても、その人の捉え方で随分と違って聞こえることもありますよね。たとえば〝月並み〟という言葉。一般にはありきたりで面白みに欠けるというようなとらえ方をされます。でもそうした先入観を捨てて〝月並み〟とはどういうことだろうと改めて考えた時、そのよさが見えてくる。散歩の途中で梅が一輪、ぽっと咲いていたとする。それを見て思うわけです。ああ、梅が咲いたなあ。誠に月並みだけど、月並みとはこんなにいいものだったかなんて。だからコーヒーにしてもその人なりの解釈や味わいがある、それが自然だと思います。

何でも数字やデータでわかったような気になるのではなく、もう一歩突っ込んで、自分はどう考えるのだろうと自問自答するところに面白みを感じます。音楽にしろ絵画にしろ、あまりにも知識を重んじる傾向がある。何の裏付けがなくても、自分がいいと思ったことの積み重ねによっても、それは気がつけば理論に近づいていくことになるし。

特に味のことに関しては、何の蓄積がなくとも人間が本来持っているものじゃないですか。自分の感覚を信じてその味に興味を持てば、その経験を重ねることによって考えが育ってくる、もしくは生まれてくるというものでありたいですよね。

森光　福井県の中学生が、濃いデミタスを美味しいって飲んだのは、いい経験だよね。その経験には将来きっと助けられるねえ。さっきも言ったけど、お客さんは数じゃない。そういう人が一人でもいたら、その一日、いやそれ以上に、珈琲屋をやっていてよかったなって思います。

それと僕はね、人の顔を覚えきれないんだよね。一杯のコーヒーさえよければいいと思ってるし、みんなコーヒーを飲みに来ているわけだから、みんな同じでいいんじゃないかって。でもお客さんはそうはいかないわけよね。いろんな方が見えるわけだけど、あの人はタレントの誰々ということを奥さんは知ってるわけ。そういう能力は全然僕にはないんですよ。どう？

大坊　コーヒーを作ってテイスティングする時はコーヒーの味を問題にするけども、店をやっている時の私は、人間の方が大事ですね。人が大事。ですから、味に納得できないコーヒーを出したなあというのも辛いけども、会話の上であまり気分よくないままで帰られる人がいると、すごく滅入りますね。何も会話ができなかったなという方が、これでよかったのかなと思う。会話してはいけなかったのかなという気持ちも湧くし、そういう感情がいっぱい私にはあります。

森光　僕にとっては、むしろ喋らないお客さんの方がありがたい。ただコーヒーを飲みに来た、そっちの人たちの方が怖いんだよね、本当はね。喋る人っていうのは、そんなに難しくないんです。自分ではうるさいと思ってるのかもしれないけど、ちっとも怖くない。むしろ一人静かに飲んで帰る人を大切にしたいねえ。

大坊　そういう人の方が圧倒的に多いですよね。外でお客様とばったり顔を合わせたので挨拶をしたら、その人が「私はもう何年も店に通っていますけど、今日初めて口をききました」って。何といってもコーヒーを作ってると口がきけませんからね。いつのまにか皆さん、コーヒーを飲んで帰られる。

それと最近、うちが閉店することを知ったある若い男性から手紙をいただいたんだけども、そこに「声帯は使わなかったけれども、カウンター越しに随分いろいろと話し合わせてもらいました」と書いてあった。

ああ、同じような考えでいてくれたお客様がいたんだなあってとても嬉しかったんです。

これまでの38年間を思い返せば、百万語の言葉を費やすよりもコーヒーを作った方がいいのかなと感じられる瞬間が何度もあったような気がします。私の場合は、ですよ。ワンコイン持っている方なら誰でも入れるのが珈琲屋。だから一人ひとり、一杯一杯に対して同じ気持ちで作るんだって、これは開店してからずっと私の中で大事にしてきた考えです。お客様は、たかがコーヒーに何でそこまでしゃかりきになってと思われていたかもしれないんだけど。

森光　だからね、そこらへんが喫茶店と珈琲屋の違いなんですよね。

大坊　うちは、「いらっしゃいませ」と「ありがとうございました」という時だけ、基本的に口をきくようにしています。その時には、必ず相手の目を見る。帰られる時もそう。それが、その人に「伝える」ということですから。

なかには挨拶なんかするもんかという人もいます。顔をそむけたり知らんぷりしたり。でもまたいらっしゃることがあると、次はその方も同じようにこちらを見て挨拶をするようになる。いらっしゃいませと挨拶をした時に、目と目があったら、まずクッと見るんです。席に着かれたら、その人のために一生懸命に作って、目の前にバッと出す。一杯一杯のコーヒーに集中して作るわけです。目の前に6、7個のカップが並んでいたとしても、これは誰ということを常に意識していました。

こういうことはあまり言ったことはないんですけど、あの人の場合はちょっとぬるい温度で抽出しようとか、この人のはやたらめったらゆっくり落とそうとか、人それぞれにちょっとずつ〝ちょっかいを出す〟、というと変かもしれませんけれど、互いの間で糸がチッチ、ピッピと引き合う、そんなことをやるのが好きだったのかもしれません。

何気ない雑談をしている時でも、その人のいいところがピッと見えると、ああ、いい奴だなあって見直したり、嬉しくなったりしますよね。そういうふうに目についたり気がついたりしたことこそがその人の本質かな、ということがあるでしょう。人間はそういうふうなものに敏感ですよね、鈍感じゃないですよね。そういう何かの感覚が芽生えれば、向こうにも何かが芽生えるかもしれない。
　だから、さっき混沌の中でやるんだという話をしましたけど、何も求めずに席さえあればいい、時間をつぶせたらいいというような感じで店に入って来られたとしても、もう一回来てくれると確実にその人は変わりますね。それが街の真ん中、いろんな人が来てくれる中で珈琲屋をやるひとつのやりがいかもしれません。
森光　喫煙についても、聞きたかったんだよね。
大坊　吸わない人も来ているわけだから、2本吸うところを1本だけにして我慢しようとか、吸わない人も、ああコーヒーで一服したいという気持ちもわからないではないから少しだけ我慢しようとか、そういうふうにできないものかなという気持ちがありますね。
森光　僕はね、まず「もか」に入った時に、煙草をやめたんですよ。前の店の時に禁煙にしたのは何年前だったかな。煙草を吸わない人にとって、吸っている人の煙って、これほど嫌なものはないんですね。煙草でも、葉巻の香りは非常に心地いいんですけど、葉巻はいいとなると、今度は葉巻の匂いは強いから嫌がる人もいるし。まあ、そういうこともいろいろ考えた末にやめちゃったんです。禁煙にしたら、お客さんは、半分に減りましたよ。だって自分が吸ってて禁煙といわれたら、来るなと言われているようなものだから。
大坊　店に注意書きを出しています(次頁)。
森光　僕の場合、コーヒーを飲みたくて店に来ているかどうかの基準がいちばん大切だと思っています。前の店なんかはね、よくお客さんに「入りづらい」って言われたんだよね。珈琲屋として、コーヒーを打ち出せば打ち出すほどお客さんは入りづらいんです。何か少し濁ったところの方が、魚は棲みやすいようにね。
　それにうちは、開店当初、写真家の土門拳じゃないけど、食うためには何でもやるんだっていうところがあったんです。トーストにお煎茶、アイスクリームと、いろんなメニューがあった。ちょっと売り上げが伸びたかなと思ったら、ひとつ減らしひとつ減らしで、まあコーヒーだけにしたんですけど。今はまた復活してフルーツケーキをお出ししていますが、絞る作業をしてきました。確かに、混沌の中でコーヒーを出すということはわかるし、認めるし、大切なことだと思うんだけども、僕の求めているコーヒーとはちょっと違うかもしれない。
大坊　ずいぶん、エチオピアやイエメンに一緒に行こ

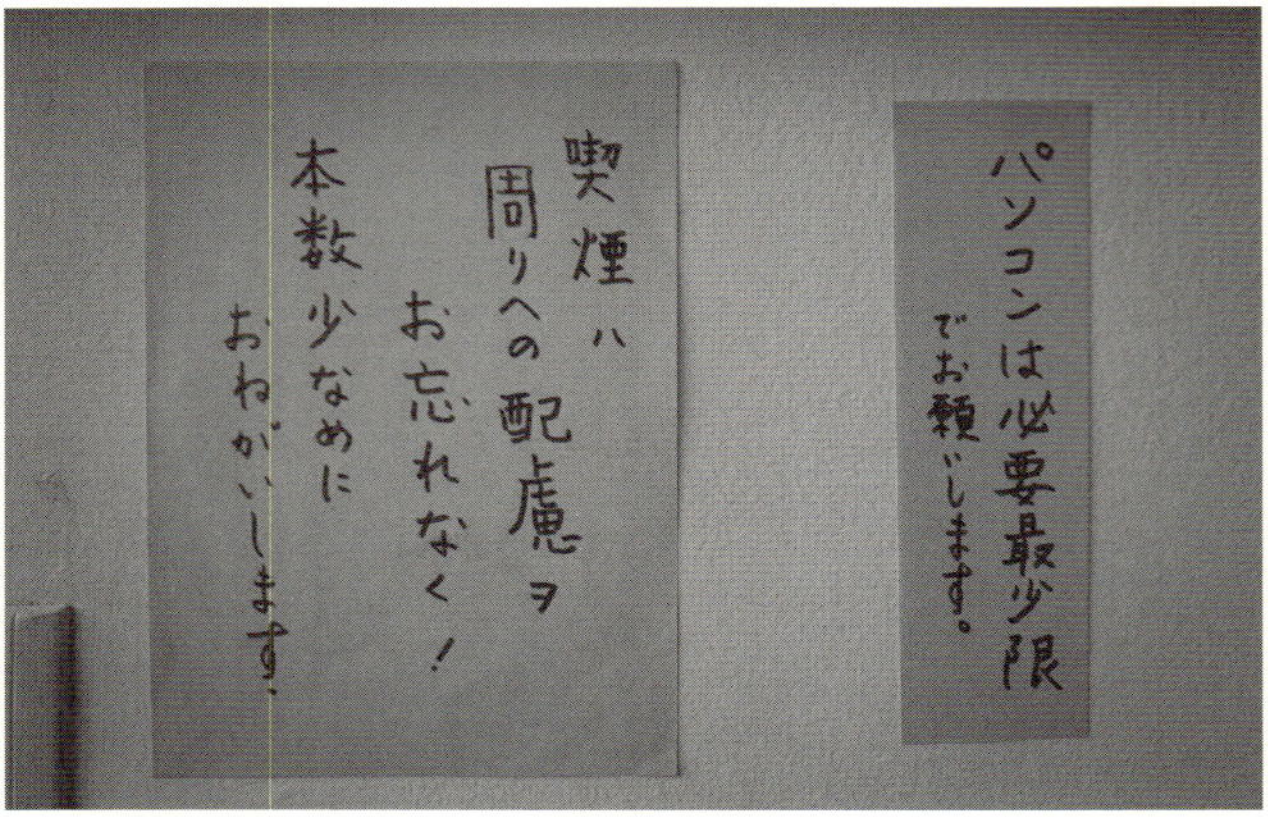

うよと誘ってくださったのにすみませんでした。コーヒー生産国へのお誘いも自分は一度も応えられたことがないんですけど、店を休まないという方針を最初に立てたものですから。

　どういうふうに休みを工面するかを考えているところはあります。メニューを変えないのは、ひとつの怠慢かもしれません。ある従業員が菓子職人を目指しており、自分がここのコーヒーに合うチーズケーキを開発するからというので試行錯誤が始まって、メニューに加えました。開店当時のメニューに加えたのはそのチーズケーキと、ウォッカにコーヒーリキュールを入れたブラックルシアンというカクテルだけ。市販のリキュールだと甘ったるいカクテルになりますが、私はコーヒーエキスを使って甘苦のカクテルを作ったんです。他にもいろんなものをやろうとしましたが、結局増やせないできました。アルコールも減らせなかったし、紅茶も減らさなかったし。

森光　僕の作業は、どんどん減らしていくという方向だったからね。本質は変わらないし、自分の中でも時代的に変わらないものが残っていくんだというのが、生産地に行くことによってわかるんです。むしろ時代が変わるのと同じように周辺部というのは変容してもいいんだ、それが自然なんだと気づいたよね。本質は同じでも、取り巻く世界は変わっていくし、そういう意味で珈琲屋も変わらなきゃいけない。

日本人はつい最近までお茶の国でしたけど、今は若い人たちにはペットボトルのお茶が主流で、家に急須がないらしい。これを〝万事窮す〟というらしいんだけど、ハハハハ、そういう時代なんだよね。

私たち、大坊さんと自分のふたりだけということじゃないよ。他にも自家焙煎やハンドネルドリップでうんと頑張っている人たちがいて、そういうことを体現するのは非常に大切なことだろうと思う。守り続けて主張する、それこそ焙煎から抽出までやる。そういう作業を責任持ってやるというのが私たち珈琲屋の使命だろうと思います。だから缶コーヒーとかペットボトルのコーヒーとかの時代だとしても、ちょっと待ってくれ、そうは問屋がおろさない、ちゃんとこういう世界があるんだ、というのは主張したいですね。

ほかの国では、アメリカで、ネルドリップをやっている店も一部あると聞きますが、他は世界を見渡しても日本以外にはほとんどないようです。

ネル布はね、1800年頃のフランスで本格的に広まりました。もともとフランネルは羊毛のことだったけど、綿という素材が出てきた頃から、そう呼ばれるようになったんだって。ただフランスでは布を器具にかぶせて使っていたんですよ。日本人がやっている、ハンドネルドリップで濾すというやり方は、僕たちの先輩が作り上げてきた文化です。これが僕は大きな違いだと思うね。ペーパードリップにしても両手で持ってやった方が美味しくなりますよね。

手を使うことがいかに大切かを日本人は知ってるんだと思います。コーヒーは、いろんな抽出方法があって、日本のコーヒー界にもその時代ごとに飛び抜けた方がいまして、一つひとつフィルターにかけて濾過しながら方法を探ってきたわけです。

大坊　この道に入る前、「カフェ・ド・ランブル」（1948年創業の銀座8丁目のコーヒーのみを出す店。開店以来、日本のコーヒー界を牽引した関口一郎さんは、2018年に死去。享年103）でコーヒーを飲んだことがあります。その時にあの店のネルドリップの抽出、ポットから細い糸のようにお湯を垂らす垂らし方、それがとっても美しい線だったことを覚えています。そ

の時に、自分もこれしかない、ネルフィルターで一杯一杯線を作りながらコーヒーを淹れようと決めました。以来、ネルフィルター以外、使ったことはありません。
当時から、手の中の小さな仕事に興味があったのかもしれません。「ランブル」でいいなあと思ったもうひとつの理由は、コーヒーを抽出する速度です。ゆっくり、ゆっくり、時間をかける。私はそういう様子を見てネルでやろうと決めたわけですから、見た目で入ったといえるかもしれません。しかし、自分がそれから焙煎をしたりブレンドをしたり、ネルフィルターでいくにつれ、どうしてもネルフィルターでなければいけないと実感しました。
それは、やはり時間の流れ方だと思います。ちょっと低めの温度で一滴一滴淹れていく。うちは極めて深煎りのコーヒーを出していましたので、どうしても苦みがあります。苦みがあるのに、どうしてそんなに深煎りの豆にしたのかというと、そこまで深く煎らなければ生まれてこない甘みを出したいと思ったからです。私が目指したのは、甘みが苦みに勝つような苦甘のコーヒーで、できあがりの温度が、口の中の皮膚に触れたときに、抵抗がなるたけ少なくてそっと触れるくらいが理想です。苦みを少しでも和らげるために抽出温度をぐっと低くして、粗挽きにして、一滴一滴、時間をかけてゆっくり抽出します。そうして甘みが多く感じられるようなコーヒーを作ってきました。

それともうひとつ、これがいちばんの理由かもしれませんが、ゆっくり作るということはお客様がその時間待っていなければいけないということです。うちは小さい店でしたので、今、自分のコーヒーを作っているんだなと、座って見ていればわかることです。一杯のコーヒーを作る時間はけっこう長いのですが、お客様はじっと待っていなければいけない。今、振り返ると、そのいっときは、忙しい現代の人が鎧《よろい》を脱ぎ捨てて、ほっとできる時間だったんじゃないかと思います。

森光 そもそもなぜペーパーじゃなくてネルかというと(前頁は「美美」のネル)、コーヒーのアロマはオイルにしか溶けないからなんです。つまりペーパーだと、コーヒーの命である香りの部分を吸いすぎてしまうので十分な美味しさを引きだすことができない。確かに昨今のコーヒー業界は、手軽なペーパーで簡単に淹れられますよなんて発信していますが、決してそんなことじゃなくして、やっぱりそれだけ時間とか手間とか想いが中に入って初めて美味しいものができると僕は思います。だから、ハンドネルドリップなんだよね。

大坊 私の店のネルは、じっくり濾したいので少し厚めの綿を採用しています(51頁)。

森光 僕はね、最近凝っているというか、実現させたいのは綿と大麻の混合ネルです。ドリッパーを表す「濾す」という単語を世界最古のコーヒーの記録書『ALL ABOUT COFFEE』(1992年、H・ユーカーズ著)で調べると、昔の人たちがすでにいろんなやり方を試していて、大麻を使っている人もいたんです。

大坊 大麻といえば、あなたが先日、着ていらっしゃった薄手のシャツ。もしかしてあれが大麻ですか。

森光 そう! 好きが高じて、大麻のシャツを縫ってもらいました。話を戻すと、理想的な抽出は、蒸らしと滴下、流下によって成立するわけです。従来の綿に比べて、繊維に小さな孔が無数に空いた多孔質性の大麻を合わせれば、旨味やオイル分を抽出するフィルター効果が高まるっていうかな。蒸らしでは起毛した繊維が膨張して生地に張りついて、流下では立ち上がる。つまり水門の役割を果たして、抽出を助けてくれるんです。そういう綿麻混合の布でネルをつくろうと思っているんです。

両手を使う抽出法は、日本の食文化とも深く関係していると思います。日本人はまず座ってご飯を食べるし、飯碗と箸を両手で同時に持つでしょう。お抹茶でも両手を使って点てます。そこが外国との大きな違いだよね。ペーパードリップにしろ、両手で持って淹れた方が絶対に美味しくなる。手を使うことがいかに大切かを、日本人は伝統的に知っている民族だと思うよね。そこはどう？

大坊　私の場合、抽出に関していえば、ただまんべんなく湯を落とすため、あっち傾けたりこっち傾けたりしているうちに自然にああいうふうな形になったというだけで特別な考えはありません。

ただその方が手の動きとして自然に感じられますし、ゆっくりゆっくりと一本の線のように湯を注ぐことを特に意識しています。抽出の際、私は常にゆっくりゆっくりを心がけていますが、そういえば森光さんはネルドリップ抽出のイベントで皆を指導するとき、下手な方がいいんだよと言っていましたよね。私もうまくやることなんかないからねとはよく言うんだけど。

森光　「下手」という言い方は熊谷守一《もりかず》（1880〜1977。森光の敬愛する画家。明るい色彩と単純化されたかたちの作風で知られる。エッセイも定評があり『へたも絵のうち』はロングセラーだ）さんの受け売りですけど、どうしたら上手に淹れられるかとお客さんに聞かれた時は、〝キーワードは、ゆっくりゆっくりです〟とお伝えしています。最初に点滴で湯を落とす瞬間は、下手でも一生懸命にランダムに湯を落としたコーヒーの方が美味しくできる。ランダム性を残すことによって、味わいが深くなるというかな。

でも蒸らしの後は、違います。自然界に働く熱と重力に任せて、湯は一点に集中させて落とした方が理にかなっています。だからネルフィルターの中で湯を廻したり動かしたりするよりもコーヒー自身が作った粉の層の中でなるべく自然の力で落としていく方が、素直な味になるんです。コーヒーエキスは濃い方から薄いほうへ移っていくわけだから、人間がそこでクネクネやるより、熱と重力の関係性や布の命に任せた方が自然なものができます。

大坊　私もすーっと一筋の線で湯を落とすやり方を長いことやってきました。自分は特別優れた体型をしているわけでもありませんから、カウンターでの立ち姿

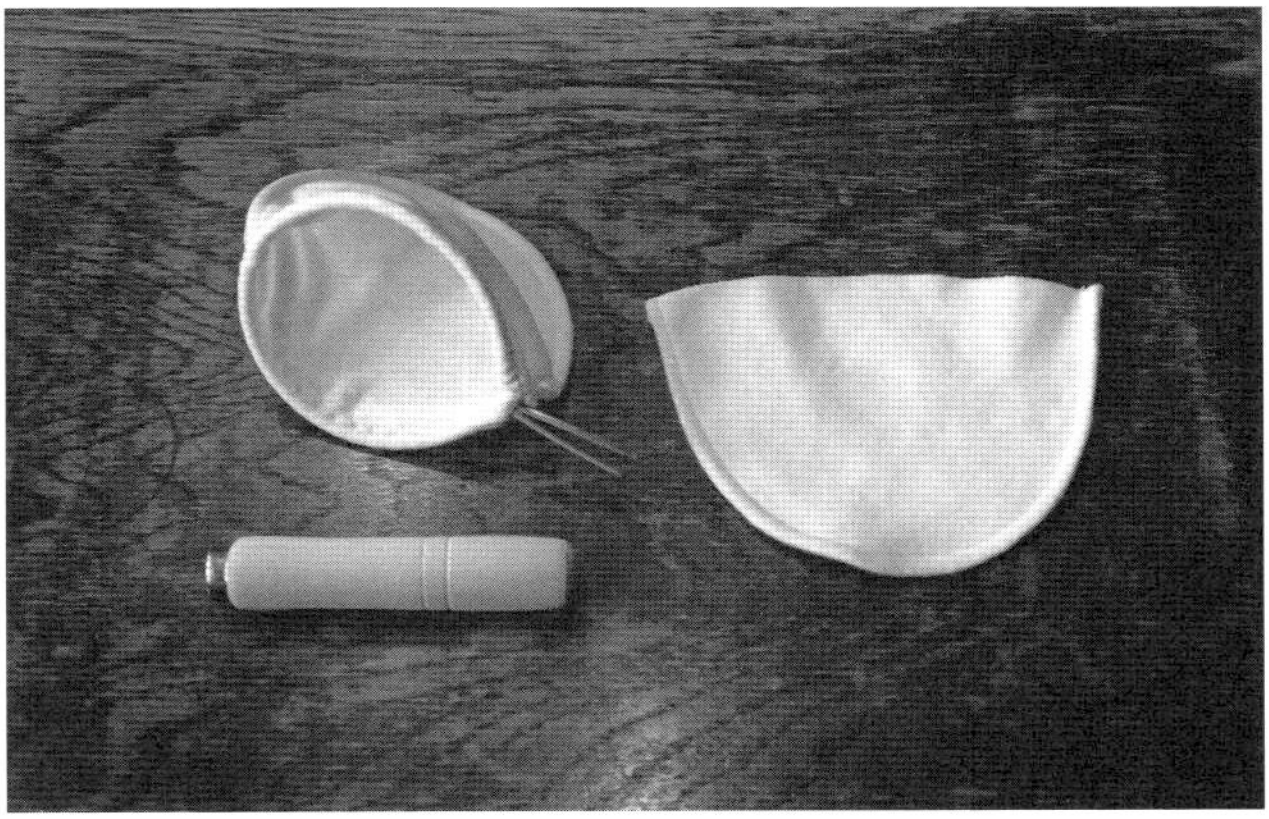

は気をつかいました。少なくともコーヒーを作る時だけは、そういう「型」が備わったと思います。

私の場合は、カウンターに対して少し斜めに立ちます。前後に軽く足を開いて、右足を前に出す。前後に足を開くことで、重心を前にも後ろにも変えられるわけです。かつまっすぐ伸びて、すーっと立つことによって、ポットのお湯をまっすぐすーっと落とすことができる。そのときに体幹を意識すると姿勢がよくなります。大袈裟なものではありませんが、長年続けてきたやり方というものは身についています。

人間の手は2本しかないわけですから、右手と左手が絶えず別々の仕事をしていなければいけません。たとえばスポンジに洗剤をつけて、カップを洗いますね。洗い終わったのを左手で置く間、スポンジを持っている右手で次のカップをとるようにすれば、どっちの手も止めないでいい。スピードも大事だけど、自分の手の動きがなめらかになることに、私はすごく気をつかいます。なにしろ抽出の時間が長いものですから、他のことは最短でなければいけない。

こんなことがありました。ある時、自分が休みの日に店に立ち寄り、従業員が働く姿を見ると、やっぱりきれいに見えるわけです。そういう時は、ああ、いいなあと嬉しくなる。それと仕事場には余計なものを置かない。あっ、これ、いちばん大事です。カウンターで整然と動けるのは、仕事場に余計なものを置かないようにしているからかもしれません。

森光　うちも似たようなもので、「場」が教えてくれるというのかな。頭で考えるのではなく、その場で体感することが物事を習得するうえでいちばん早いと思います。

大坊　ハンドドリップで抽出していると、集中していきますよね。一種の習性かもしれないけど、あれには両方の手が必要だと思うんです。両手を使うから集中できるんじゃないですかね。集中するっていうのは、けっこう重要かもしれない。もうひとつは、カウンターの存在です。いろんなことが巻き起こって気持ちがざわざわしているような時でも、そこに立って集中するというのが基本的な姿。ここにいてこうすれば心が鎮まって原点に戻れる、そんな気持ちは、いつも持っていました。

森光　襟立先生がね、ドリップポットを持つと、自分は途端に機嫌がよくなるって言っていたんだって。いろんな嫌なことがあっても自分のペースになってしまう。長くやっているとさ、そういう気持ちになれる。

大坊　そうですね。自分の基本的な姿に戻れるのはそういうことでしょうね。私はポット持ったらっていうような言い方はできません。味づくりにしても、ただ毎日いつも繰り返していることなんだけど、今日の豆の味にこういうところがあるからこういうふうにしていこう、ということを毎日毎週考えているだけです。昔の何々はどうだったなと思い出すことは、あまりないですね。

今のコーヒーが以前よりよくなっているかといえば、それはわかりませんね。開店当時の苦みがよかったんだぞと思っている人もいるかもしれない。でも自分としては絶えることなく今日味見をして明日焙煎する、毎日毎日を飽きもせずに繰り返してきただけだったなあという気がしますね。

森光　繰り返すことの大切さかな。「クリカエシクリカエス」というのを著書（森光の唯一の著作『モカに始まり』）に書いていますけどね。

ただネルドリップは手間がかかるからか、なかなか広まらないねえ。あのねえ、僕が理解できないのは、ネルドリップがいちばん美味しいと言っている珈琲屋さんでもさ、なんでネルを使わないのかってことなんだよね。自分が感動したコーヒーがあったとして、なんでそれと違うことができるのか僕には信じられない。

そういうわけで、今、美味しいコーヒーを家庭でも楽しめるネル専用の抽出器具を「富士珈機《こうき》」さんにお願いして作ってもらっています（これは、多くの協力と試験を経て「森光宗男監修」で２０１７年に商品化され、「ネルブリューワーＮＥＬＣＣＯ（ねるっこ）」という名称のネルドリップ抽出器具として富士珈機から販売されている）。『ALL ABOUT COFFEE』にも出てくるド・ベロイ（１８００年頃に登場したドリップポット）という抽出器具の現代版、それを目指しています。

ハンドネルドリップというのは日本の喫茶文化の集大成なんですよ。僕は何も特別なことをやっているわけじゃなくして、これまで先輩たちが築いてきた日本ならではのネルドリップ文化を今の時代に合わせた形で紹介しています。あの器具があれば点滴の技術がなくても、手軽にネルドリップコーヒーを作れるでしょう。そしたら子育てなんかで忙しい人でも、自宅でもっと美味しいコーヒーを飲めるようになる。

僕がイメージする湯の落ち方を具体化して、新潟の燕三条の職人さんたちに作ってもらっています。当初、ド・ベロイみたいなものにしようと思ったんだけど、実際に試作するとそう簡単にはいかない。試行錯誤しているところです。

大坊　要するにハンドドリップで淹れるコーヒーのよさは、ネル布の穴からプチプチ出ることによって生まれる、独特の〝間〟の取り方にあるわけですよね。

森光　そうそう。ネルを通して湯が落ちる〝間〟とか、待つ〝間〟とかね。

大坊　コーヒーを淹れる〝間〟を待つ時間、あれが大切だと思います。

森光　ペーパーとネルとでは、やはり大きく違いますよね。それは断言できます。ネルドリップの素晴しさは、オイル分を調和させることによってコーヒーの生命でもある香りを十分に引き出すことができるという点。「ランビキ法」という、バラの香水を作る時に用いられた方法と同じ仕組みなんです。攪拌した花と水に熱を加えると、水蒸気とオイル分を含む香料がとれるわけですが、バラの香りは例外的に水にも溶けるんだよ。

大坊　コーヒーと同じですね。

森光　そう。上質なオイル分をどうやって抽出するか、それがコーヒーの味わいの決め手となる。そこを乱暴に扱っちゃいけないと思う。ネル布で一杯一杯、しっかりと蒸らしながらエキスを抽出することによって、初めてコーヒーの命ともいえる香味成分がとれる。

なぜペーパーじゃなくてネルかというと、コーヒーのフレーバーというのはエッセンシャルオイルにだけ溶け込むことができるから。ペーパーだと肝心の香りを吸ってしまうので、十分な美味しさを引き出すことができない。いくら改良されているとはいえペーパー臭もあるでしょうし、ペーパーは一回きりの使い捨てだからエコの時代にはふさわしくないっていうかな。

これからは使い捨てではなく、いかに十分に使いきるかという発想に変えていかなきゃならないって思うんだけど、そういうことを知ってか知らずか、コーヒーのプロが、ペーパーが一般家庭でもいちばん便利で美味しいとすすめている。そんな人たちに、僕は怒りすら覚えます。

大坊　森光さん、怒ることはないですよ。私はどこまでが味で、どこからが香りなのかはよく判別できませんが、あるところまではペーパーでもネルと同じ味はできると思います。しかし、最後の一点、森光さんがおっしゃった一滴一滴落ちるエキスが、一杯のコーヒーにもたらす味わいはネルドリップです。その最後の一点を〝命〟と考える人はネルドリップを離せないわけです。

森光　責任をもって焙煎から抽出までやる、それが珈琲屋としての僕たちの役割だと思います。だから缶コーヒーやコンビニコーヒーの時代にも、ちゃんとこういう職人の世界があるのだというのは守りながら主張したい。それとね、なぜネルドリップが美味しいのか。あらためて考えてみると、オイル分との調和はもちろんですが、いちばんはコーヒーが自分でコーヒーの層を作り、コーヒーでコーヒーを濾すという点にあると思います。

僕も大坊さんも67歳になりますけど、年を重ねるとただガムシャラにやるということじゃなくして、自分がこれまで体験したことで日々の出来事を濾過して、判断しながらやっていくようになるでしょう。ネルドリップは、それと同じようなことをやっていると思うんだよね。コーヒーが自分で自分を濾しながら鍛錬や修練していくという意味では、僕たち人間も同じじっていうかな。

大坊　真剣に何かひとつのものと向き合えば、きっとそういう発見なり気づきなりが生まれますよね。

森光　何度も言うようですが〝クリカエシクリカエス〟は、僕たち職人にとって大切な部分です。珈琲屋として自分のコーヒーを追究していく原点にあるのは、好奇心や探究心ですよね。他人がどういうことをしているかを気にするのではなく、あくまで自分の体験で物事を判断して欲しい。そういうことを若い人にもコーヒーをやることで体感してもらいたい。

大坊　味については、豆は絶えず変わりますから、過去と現在で味は一緒とも言えないし、一緒と言ってもかまいません。ただ、自分の方向性として考えたのは、酸みは嫌だという人も苦いのが嫌だという人も両方が納得してくれるコーヒーを作りたいということです。それが運のツキと言いますか。

ある時、一つひとつの豆の焙煎ポイントを変えて、相対的には少し浅煎りの方にシフトしたんです。もちろん、ずっとうちでお出ししてきた深煎りの味でないものをお客様に飲んでいただくことについては、大坊のコーヒーと呼んでいいのか……という迷いもありました。

そうすると、テイスティングする時に自分でその味を探しますよね。あ、少しこうなっている、あ、少しこうだと自分が求めている味を探すようになるんですよ。ジャズで何人かが演奏している時でもドラムだけを探すと、聞こえてきますよね。求めている味だからOKなんです。そうすると、いつのまにか思ったよりも浅煎りのコーヒーになっていったので、戻そうと思った。

ただ元の味より少し手前にしようと思った時に、簡単にはいかない、焙煎ポイントを変えたのと同じ日数がかかるんですよ。変えようと思って、スッと変わるものじゃないんですよね。少しずつすべてのポイントをずらしてやっている、その過程のどこかであったと思いますね。単純に言って煎り方のポイントを浅めにずらしたことを物足りないと思ったり、そういう段階で時々言ってくれる人がいるので、聞いたりしますけどね。

１００人いれば１００通りの作り方があるし、１００通りの飲み方があります。どんなコーヒーがあってどんなのを好む人がいようとよしとしたい。自分は自分のそういう作業を繰り返していくことだけです。

ただ何かの文献を読んでそれが絶対理論であるということで、自分の経験に基づかずに追い求めているのは、どうでしょう。それも１００のうちのひとつと考えればすむことですけど、そうじゃなくってコーヒーに携わる人であれば自分が求めたコーヒーを作る、その方が面白いんじゃなかろうかという気はします。

ただ、スペシャルティコーヒーで一生懸命香りのよさを追求している人もいますよね。うちに来て飲んで「あ、美味しいです」と言ってくれても、「私はこういうコーヒーを作ろうとしているわけではありません」とはっきり言う同業者もいます。それはきっとその人がちゃんと、香りや味をみてやっているんですよ。

森光　スペシャルティコーヒーなどのオークション豆を求めるのではなく、昔から仕入れている従来の豆をいかに調理するかなんだよね。自分で生産地を訪ねてコーヒー豆を探すこともありますけど、多くは商社が手に入れた豆の選択ですよね。業者もいろんな種類、グアテマラはグアテマラでもいろんな場所のものを持ってきますけど、その中から自分にあったものを選ぶわけです。イエメンとエチオピアに関しては、実際に自分で現地に行って、どの土地ではどんなコーヒーが採れるかを知っているから、確信をもってどこの豆かは言えます。

大坊　スペシャルティコーヒーに関する話になるかどうかわかりませんけれども、エチオピアやイエメンの豆に関しては、私は森光さんの恩恵を受けている一人です（森光の産地視察が日本への販路開拓につながった）。たとえばイブラヒム・モカなどは、やっぱり他では代用できない性質を持っているんですよ。それと前にジェルジェルツーアビシニカという豆がありました。あれも他では代用できない性格を持っていた。そういうものがあります。

コロンビア産でエメラルドマウンテンというブランド名の豆があって、値段が3倍くらい高いスペシャルティコーヒーだと思うんですが、私もテイスティングしたんです。コロンビアの豆は前よりも品質が悪くなっているという話がありましたけれども、今使っているコロンビアの豆を焼いた味と、そのエメラルドマウンテンを焼いた味とは、ある違いがあったんですよ。どんなふうに焼き方を変えて工夫してみても、いつものこの豆では到達できないものをエメラルドマウンテンに感じたことがあったんです。それを言葉で言おうとすると難しいけれど、先ほど森光さんが言ったある気品と言いますか、ある充実感というものが含まれていました。

しかし、いつもそれを維持して焼けるかというと難しいですよね。その時は、その豆は採用せずに従来の豆を使いました。それを工夫してその一点だけは到達できないけど、できるというふうに考えたからです。ですから、スペシャルティコーヒーの中にうちで使っている豆では到達できない味をもっているものはあると思います。

森光　スペシャルティコーヒーっていうのは、それ用に作るってこともあるんだよね。そこの土壌のミネラルが豊かなときには非常にいいものができる。でも要するにミネラル分を吸っちゃえば、普通のものになってしまう。非常に寿命が短いんですよ、イエメンやエチオピアの豆に比べると。そういうまあ、儚《はかな》くも美しく終わるコーヒーもね、ないではないですけどね。

大坊　そういうものを追いかける、そういうものをするという気はまったくないですね。

森光　うん、ないよね。

大坊　ただエチオピアのいろいろな豆と巡り合ってテイスティングして、こっちよりこっちを使おうとふるいにかけて気に入ったものを使いますね。ですけど農薬問題などでそれが入らなくなった時、不採用にした豆、それまでねむっていた豆を一生懸命に焼いていくと、いい豆になってくるという経験をしました。私はどちらかと言うと、そちらの方をとります。何とか工夫してやっていけば、いつか……。

森光　その豆に素質があるんだよね。

大坊　はい。それはコーヒーが作られている土壌をずっと維持していくという作業でもあるでしょう。もちろんその間に、おや、おかしいなという年もあるかもしれない。しかし、ある豆を、今年ダメだからといってすぐに結論を出さないで何とかコンスタントに使っていくとよくなるという思いが、自分の気持ちを多く占めていますね。世界中のあらゆる豆とつきあったことがあるわけではないですから、そんなの大変なことだと思うし、自分が経験できた豆には、そういう考えでつきあいます。

森光　コーヒーの味づくりを決めるのは、生豆が7で焙煎が2、抽出が1と表現していたら、それがひとり歩きしてねえ。

大坊　何割ということでは自分の考えは断定できませんけど、やはり、豆です。どんなにしたってその豆が持っている以上のものは作れませんから。自分が果たしてその豆が持っているものをちゃんと引き出しているのか、そこで工夫をしていくわけです。そうすると、だんだんいい顔を見せてくれる、俺のことを認めてくれるのかなあって。そのことを捉えて焙煎の方がと言うつもりはありません。豆自体が持っているものが何割なのかは、なかなか言えないところですけど。

工夫とは、もう、豆から焙煎から選別から抽出まですべてなんですよ。焙煎がうまくいったからといって、抽出をないがしろにしてもいけないし、どの工程もしっかりやったうえで初めて飲み物としてのものが生まれる。毎日毎日その時にできる限りのものを作って、できるんです。

そこまでです、私の仕事は。あとは音楽を聴く時のように、絵を観る時のように、味わう人が味わってくれればいいという考えです。もちろん、こういうふうに飲んで欲しいなという気持ちは、捨てられないものとして自分の中にあります。しかし……。

森光　ハハハハ。コーヒー豆を買ってもらったら、台所までついて行きたいもんね。そこまで指導してはじめて悔いが残らないって、大坊さんも思うやろ？　思わない？　コーヒー豆を売っているだけじゃない、そういう思いでやってるよね。

お客さんは「家で作っても、この店で飲むようなコーヒーにはならない」ってよく言います。そんなに難しいことをやっている覚えはないんだけどねえ。家庭では、何らかの条件が変わっているわけだよね。何かひとつでも指摘してあげられたら、他の店のコーヒー豆を買ってもレベルアップになると思う。

大坊　お砂糖とクリームをいれたのが俺にとってのコーヒーだ、という方もいますし、そういうふうに飲んでおられる方でも、さっきの焙煎のポイントの違いを指摘する人もいますし。皆さんそれぞれだと思います。自分の気に入った飲み方で飲むのが……。

森光　ハハハハハ、わかりますよ。スペシャルティコーヒーのテキストに頼らないっていうかな、自分で体験すればその世界もまた幅広くなるということですよね。十人十色の世界がもっと広くなるだろうと思うよね。

味については、やっぱり余韻ですよね。音楽的にも僕はドミソの和音がいちばん強いと思うんだよね。だから、そこに忠実にブレンドを作る時に三つの和音を見つける作業をします。で、それができた時に初めて余韻の強いものができる。自分の中で思い込みがあって、それに近づけていく作業かな。ただお客さんの体調でも味わいは微妙に変わってきますし、それ以上にその人がその余韻を感じられるかどうかの方が僕にとっては大切なことですね。

大坊　余韻と同じことかもしれませんけども、たしかに厳密にいえばコーヒーの味は毎日変わっていると思います。大概の人はその違いを楽しんでいるふうに見えますし、そうおっしゃる人もいます。これも救われているということになるかもしれません。

うちのブレンドは恥ずかしくて言いにくいんですけれども、けっこうたくさん混ぜているんですよ。すると毎日どっか違う豆をテイスティングのために入れたり、毎日と言っちゃ大袈裟かもしれないけど、たえずエチオピアだったら場所の違う豆を入れたり、ということをしているんです。それによってなのか、それにもかかわらずなのか、ブレンドそのものはほとんど同じ味です。たぶん種類が多いせいなのかもしれません。時々、意図して焙煎ポイントをずらしていくことがありますが、その違いに気がつかれる方はけっこういますね。

目盛りの中での違いをはみ出す時があるんです。いつもこういう流れで煎っているのが別の振幅になる場合もある。「あ、深煎りすぎるから浅煎りにしよう」と意識を持つと、少しずつそうなっていく。すると、「あ、いけない、浅煎り過ぎた」と、その繰り返しはあったと思います。そんなにきれいな曲線を描くわけではないですけども。

焙煎の目安にしているのは、豆の色みでしょうね。じっと、こう、豆の色だけを見て、「ここ」と思った時に火からおろします。ある程度、〝ここ〟というポイントはあるのですが、〝ここ〟でも〝ここ〟でも〝ここ〟でもいいとは言いません（手を左右に動かしながら）。

森光さんは焙煎機のブザーが鳴った時に、バッと釜の蓋を開ける瞬間をすでに決めておられるわけですが、私は色によってその瞬間を見極めていきます。ですから、毎回違いますし、毎日ゼロからのスタートです。この各々の豆のポイントを探すのは、自分の好みの味にするためです。ただし目安としては、一回の焙煎に30分かけることをいつも意識していました。早め早めに火力を弱くしていくと、ハゼ（生豆に熱を加えることによって豆が膨らみ、細胞が変化を起こす。焙煎がすすむにつれ、音を立て豆がはじけ始める。その状態をハゼという。焙煎度合を決める目安となる。一ハゼ、二ハゼ、三ハゼまである）はほとんど起きないんです。そういうふうに火からあげることをかなり意識しました。その方が私にとっては、味わいのトゲがなくなって、やさしい複雑な味わいになるかなあと。

あるいは、一ハゼを激しく立ててパッとおろして、あとをすーっとおろしていく焼き方だと、今度はメリハリが出ます。どっちを選ぶか毎回試行錯誤していましたけど、やはり、ゆっくり、ゆっくり、というふうになっていきました。

最後のポイントでは、手廻しの焙煎器は、1秒でも違うと味に大きな違いが生まれるんです。温度計があるわけでもなく、見ています。最後のところは、違いが見えてくるんです。そうすると、その時にある囁きがあるんですよ。「おい、この頃は浅煎りだぞ」って。もうちょっとって思う。行き過ぎることもある。その囁きっていうのが、その時の自分が考えている何かの方向性だと思います。

森光　そういう点では、機械という助けがあると違うよね。うちの場合はね、仕上がりの温度はどのコーヒー豆も全部同じ。ただそれまでの過程は、全種類違います。たとえばマンデリンは、蒸らしの時間が長くて、徐々に温度を上げていってその温度までもっていくんだよね。だから煎り留めのポイントは決まっているかな。それは自分が体験した、コーヒーの、今度は銘柄じゃなくして、コーヒーという飲み物全般にいえる到達点というような温度を指す。始まりがあってそこに終わる。さっきの繰り返しだけど、ドから始まってドに終わるということです。

大坊　到達点の温度というのは、いちばん高いんですか？

森光　高いかじゃなくて、そのコーヒーにとって「少し足りないかな、足りないけどその温度でいいかな」っていう温度やね。

大坊　その温度は、皆おんなじと言われましたね。

森光　うん、おんなじ。

大坊　わからないんですけれども、私は１００％のガスで焼き始めて、途中から50％にして、30％にしていって、最後はそのすすみ具合によりますけれど、ちょっと火を少なくすることがあるんです。この時の温度は、どうなっているんでしょうね。

森光　ものには活性温度というのがあって、タンパク質やオイル分は人肌よりちょっと高いくらいの温度で最高の力を発揮するんですよ。焙煎でも１３０℃を超えてくると豆が活性化する。焙煎方法によっては逆の人もいますが、Ｓ字のフィルム曲線（特性曲線）になるのがいちばん豊かな階調になるっていう話を「もか」のマスターと話したことがあったね。

例えば写真を現像する時のフィルムの光を吸収した時のＳ字のフィルム曲線。それはね、波を打つんだよね。最初のぼっていって、なだらかな上昇があって、またゆるやかに落ちる。これがいちばん豊かな階調を描く。

コーヒーの場合、１３０℃から始まって１９０℃までいき、２１０℃まで上げて２１５℃で止めるというマニュアルが多いけど、うちはもうちょっと温度を高くするね。うっすらときつね色をしたお焦げまでいくかいかないか、それくらいのコクの美味しさ、そこを追究しています。結局、ものを調理するっていう点では、ご飯の炊き方と同じなんだよね。

大坊　あの、私も最初に１００％で始めるって言ったでしょ。で、50％にするのを早い時間にする場合とか、50％を45％にするとか、ここの時間を長くする、というのは豆によって使い分けます。ただし、最後に火を強くすることはほとんどありません。間違えて、「遅いな」と思った時に強くすることはありますけれど。

火の大きさはきわめて弱くしているんですけど、温度としては上がっているのかな、下がっているのかな。

森光　上がっていると思いますよ。

大坊　要するに焼けていくわけだから。

森光　でも意識的にね、僕はブラジルなんかは強くしている。若干、最初から火を強くします。芳しくなるように、香ばしくなるように仕上げたいから。ブレンドに使う三つの種類のコーヒーを焼く場合にブラジルも入っているわけだけど、その中のそれぞれの性格が違った方が、さっきの色彩論の赤、青、黄色ではないけど、美しく見える、美味しくなるんだよね。これはまあ、体験的にそう思うだけですけど。

大坊　そうです。その基準はないですけども、たとえばマイナス３とプラス３を混ぜてゼロを出す方法と、マイナス１とプラス１を混ぜてゼロにする方法とがある。味の違いを際だたせて混ぜるよりも、ほんの少しの違い同士でゼロだとするのとでいえば、どちらかというとほんの少しの違いの中であれこれ混ぜているような気はしますね。

森光　それは色の組み合わせと同じでしょ。ヨハネス・イッテン（１８８８〜１９６７。スイスの芸術家）というバウハウスの時代の芸術家がいて、色彩論を深く研究するんだけど、その人が「明暗」「寒暖」「補色」「階調」「色量」など七つの観点から見ている。いろんなやり方でできるんだよね。マイナス１とプラス３で理想の味に近づくこともできる。だから必ずしも決められない。

大坊　マイナス１とプラス３を混ぜるとか、あるいはマイナス３とプラス１を混ぜるということも実際に自分はやっていると思います。それでも自分には、近いものを混ぜるという傾向があります。ブレンドを飲まれた方がよくいろんな味がしますねっておっしゃるんですよ。確かに存在するんですよね、いろんな味というのが。それでもブレンドというひとつの味になっているということなんですけど。

森光　色彩論を提唱したヨハネス・イッテンによると、同じ紫でも背景にくるものによってまったく見え方が違う、とある。だからマイナス1とプラス3でも、マイナス1が何か、プラス3が何かで、もう全然違うものになる。また逆に言えば背景を変えることで同じものにもなる。

大坊　種類による焙煎度合いということですね。ブラジルを焙煎する時に最初からちょっと火を強くして香ばしさを出したいと、さっき森光さんがおっしゃった。そういうふうに一つひとつの豆によって性格というものがあるわけです。その性格を取り入れるために、その性格だけをクローズアップし、自分が日常で作っている味の中でどこまで味の性格を失わずに近づくかという、それをマイナスやプラスで表現するというようなことを言いたいんです。それぞれの性格が自分なりにわかってくると、その性格を生かしたい。この性格はいいんじゃないかと思うから自分の仲間にいれているので、今、仲間が何種類かそろっているわけですから、性格を失わせないようにしたいと思います。ですけど、自分はあまりかけ離れたところに置かずに、わりと近いところに置いている、というようなことを言いたいんですけど。

森光　今日のコーヒーは、どうだった？

大坊　今日は私が「美美」に来てコーヒーを飲ませていただきましたので、感じたことを率直に言いますとイブラヒム・モカは絶妙だったと思います。それで店に来てすぐに「美味しかった」と言ったんです。

森光　大坊さんにそう言ってもらうと嬉しいです。

大坊　さっき言ったマイナス1の持つよさが非常に含まれた質のいい味だったんです。イルガチェフェ・モカは、前提になる例を言いますと、昔のジェルジェルツーアビシニカの場合、マイナス3ぐらいの浅煎りでもふわーっとした香りがとてもよかったんです。イルガチェフェの場合も浅めかなと思う時にふわーっと甘みに包まれている浅煎りの味がある。今日いただいたイルガチェフェはそれよりももうひとつ浅煎りでした。で、それが悪いと言っているわけではないですよ、森光さんはよくそういうポイントで焙煎されるということは知っていますから。それはそれでいいと思いますけど、今日の2杯について、私はそのように感じました。答えになりました？

森光　それでいいと思います。順番的に、イルガチェフェが先、その後にイブラヒム・モカを飲まないと、イルガチェフェが物足りなく感じてしまうよね。濃度にしろ味わいにしろ。

大坊　確かに、濃度は非常に重要ですね。テイスティングする時は、どんな豆でも20グラム50ccです。それでテイスティングして味をチェックして、ストレートで出す場合は、モカは25グラム50ccで出しますし、ブラジルは25グラム100ccで出しますし、それぞれ濃度が違いますけども、テイスティングする時は同じ濃さで味見をします。しかし、今言われたようにイブラヒム・モカは濃度が高く、イルガチェフェの方が薄くなっています。ですから、今言ったようなことになったのかもしれませんね。

森光　分量的にはね、倍以上になるんだよね。イブラヒム・モカは、30グラムで50ccとるわけでしょ。さっきのイルガチェフェは、3杯分を40グラムで300ccとったわけだから。全然違いますね。

大坊　濃度の違いは大きいですね。ですからうちはブレンドを30グラムから15グラムまで、濃度を分けているんです。

森光　よく言われることだけれども、濃度というのは非常に大切な要素ですね。

大坊　ところで、森光さんのお店はいいですよねえ。公園に囲まれているってところもいい。こっち側も窓、こっち側も（反対側を指さして）窓。天気がいい時は、両方の窓を開けるんでしょう。

森光　道路側の窓は閉めるよ。

……静かよねえ、本当に。

大坊　はい。

森光　ねえ（しばらく窓を眺める）……。

大坊　…………。

森光　だけど、まあ今日はよく来てくれたよね。

大坊　ここに来るようになったり、森光さんも東京に来た時にうちに寄ってくれるようになったり、何ていうんでしょうねえ。僕は「もか」での邂逅があったせいなのか、何でも忌憚なく腹を割って喋れる相手だという気持ちを持っていましたから、何の抵抗もありま

せんでしたし、逆にそういう機会を作ってくれれば、細かいことを、何ふたりでごちょごちょやってるんだと思われそうなことを喋りたいという気持ちが募っていました。ですから、こういう機会をつくっていただいたことに感謝いたします。

森光　僕もいちばん喋れる人だろうという気はしましたよね、今回は特にね。

大坊　でも私は産地訪問などはやっていませんし、今まで科学的な目で考えたことがなかったなあと思いながら、今日の森光さんのお話を伺っていました。森光さんは科学一辺倒ではなく、倍音の話でもわかるように人間の滋味っていうか、そういうものを信頼しながら科学的にも分析しておられる。あらためて大変な方だなあと思って聞いておりました。

森光　ハハハハ、いやあ、ハクガクです。薄い方のね。

　大体ね、エチオピアやイエメンなんかの生産国に行くでしょ。商社の人は首都で止まっちゃうんですよ、産地まで行かない。今は違いますよ。今は行きますけど、当時は行けなかった。身の安全のために会社から止められる。だから産地まで行くっていうのは非常にめずらしいケースなんですよね。

産地では、すごく歓迎されるから全然苦にならない。それと性格だよね。何かそこまでやらないと気がすまない。私の名前は宗男っていうんですけど、宗というのはルーツとかおおもととか、そういう意味を示すんです。だから、何でも物事の原点に非常に興味があって。

ただ、「何でも」と言っても、やっぱりコーヒーでしょうね。コーヒーでしか旅したことなかったもんね。そういえば、新婚旅行のハワイもコーヒーだった。

大坊　私は、何かものを作ってる人に話を聞くために旅に行くことが多いですね。珈琲屋さんにもよく行きます。森光さんのところに行く際は、会いたいなという気持ちの方が募りますからね。若い人で珈琲屋を始めているところに行くと、ああ、こういうふうにやっているんだってうらやましくなったりね。こういうところで始めたんだなあと、ぺちゃくちゃ喋りませんけども、見ているんです。

森光　若い時はそういうの関係なくて好きでやるから、まっすぐでいいですよね。僕たちぐらいの年になると、金儲けに走る人が多いからね。

大坊　高校時代だったか、卒業してからだったか、立花隆がロッキード事件を暴いたような、ああいうノンフィクションを自分はやりたかったんです。正体をさらさずにそのまま生きているのを明らかにしたいという気持ちが非常に強かったですね。自分はどうやってそういうことができるのかを考えていました。

逆に今では、そういうものが混沌と存在するのが社会だと思うようになりましたけど。ノンフィクションのようなことができるように、お金に縛られないためには珈琲屋さんを一軒持とうと思っていました。お金のことなんか考えずにできるんじゃなかろうかって。

森光　ハハハハ。

大坊　安定はともかく、この人（恵子さん）が営む横で、自分は好きなことをやるんですよ。そういうことは漠然と考えていたので、そうなってもおかしくなかったかもしれないし、珈琲屋を始める前はミニコミ誌を作ろうと考えたこともありました。

週刊新聞「たいまつ」（1948〜1978年発行）というのがありまして、ずっと購読していたんです。もと新聞記者の、むのたけじ（報知新聞社を経て朝日新聞社で勤務し、従軍記者として戦地へ。終戦の日にけじめをつけるべく退社し、「たいまつ」を創刊。反戦を訴え続けた）さんというジャーナリストが、新聞社は戦争責任をとっていないという自責の念にかられて、新聞社を退職後にたった一人で秋田県で発行していました。

　ですから、店を作る時も、ここでミニコミ誌を作りたいとか、あるいは壁新聞をやりたいとか考えました。しかし珈琲屋で自分の何かをそんなに出すもんじゃないなと考え直してやらなくなりました。いろんな考え方の違いがある、人が集まるところに自分の考え方を出すべきじゃないという思いが出てきたように思います。実際、コーヒーをやったらそれどころじゃないというのもありましたし。

森光　頭ん中は、明日出すコーヒーでいっぱい。

大坊　そうそう。私は、一冊の本を作るのが好きなんですよ。たとえば雑誌の連載を切り抜いておいてまとめて一冊にするとか、名品がありますよ。ＡＮＡの機内誌「翼の王国」を定期購読している人がいて、毎月もってきてくれるんです。オキ・シローさんの連載を全部切り抜いて一冊にしていました。大事にまとめるとどこにもない一冊の本ができるんです。カバーも自分できれいに布張りにして。お客さんに製本を趣味にしている人がまたいるんですよね。

たとえば平野遼を自分が好きなわけを言葉に置き換えられないかという気持ちがあったものですから、きっかけがあって、原稿用紙に書いて一冊にした。珈琲店というのはいろんな人が来ますよね。本が並んでいるとそれを抜いて読む人もいるわけです。一冊の本が何人にも読まれるという形が生まれるんです。珈琲店はいろいろ愉しいことがあるんです。まあ、自分が愉しいんだけど。

　平野遼の絵を奥さんからお借りして、絵を壁にかけていると、スイッチ・パブリッシングという出版社の人が興味をもって掲載したいと言う。それがきっかけでＮＨＫの人がちっちゃい番組を作って、それが大きな1時間番組（「日曜美術館」）に変わったり。

　小さいひとつの芽がいろんなことに繋がっていくのもあります。いいように考えればミニコミ作りを達成したと言えないことはないですね。それは森光さんも同じで、強い力で人々に何かを伝達しているんだと思いますよ。

森光　人と違う生き方をしたいっていうのは大前提にありますね。珈琲屋としても違う見方をしたいと意識的にもっていったところはあるよね。たまたま吉祥寺の「もか」に入って、珈琲屋をやるって決めたわけ。「もか」でいろんなコーヒーを知るんだけど、モカ・コーヒーだけがなぜこんなスパイシーな香りがするんだろうと疑問に思った。それを当然、自分なりに探るようになったわけだけどね。

　お店の名前は、魯山人が経営する和食「星岡《ほしがおか》茶寮」の支配人をしていた方で、白洲正子さんとか小林秀雄さんらと同年代の、秦秀雄という古美術鑑賞家に名付けていただきました。「もか」のマスターが、魯山人の『春夏秋冬料理王国』という本を私に読めって貸してくれたので、関心をもっていろいろ調べていくうちに、当時の関係者がご存命と知って、秦先生のお宅を訪ねたんだよね。先生もコーヒーをやっている若い者が魯山人を勉強しようとしていることを知って、非常に可愛がってくれまして。私なんかさ、修業中で金もないし何もお返しできないんだけど、秦先生はいろんなものをくださった。

　自分の店を持ちますからと話したら、じゃあ自分が名前をつけてやろうというので「美美」という名前をいただいて。珈琲屋はバ行が多いって話をしたら、秦先生は、「私は眼の仕事をしているから」と〝美〟と書いて、次に美味しいの美味にかけて〝美美《ビミ》〟と。いい仕事をすれば店名もおのずとよく見えるものだって言われてね。最初はね、「ビビ」とか「ミミ」とか呼ばれましたけど、一度覚えたら美味しいのと通じることもあるし、ありそうでない名前っていうか。

　秦先生との思い出もずいぶんといろんなことがあったね。神田の古本屋を巡ってコーヒー関係の本を探しまわっていたら、「星岡茶寮」が出していた「星岡」という冊子がもう向こうから来るような感じでたくさん手元に集まってきてさ。私が集めた冊子をもとに復刻版が出版されたりした。

大坊　悪いんだけど、私はコーヒーに関する文献って探したこと一回もない……。

森光　ほおー。

大坊　どうしてなんだろう、今初めて気がついた。本当に怠けもんだね。

森光　僕はね、奥山儀八郎先生の版画集『珈琲遍歴』を「もか」で見て知っていたし、奥山先生もお店に見えていましたからそれも探しました。

大坊　私は……どうして古本屋さんに行ってコーヒーに関する本を探さなかったんだろう。すごくうしろめたいんだけど。「カフェ・バッハ」（1968年創業。東京・南千住の店で、後進を育てるためのセミナーなどを実施している）店主、田口護さんの『珈琲大全』は買いました。最初の焙煎講座の分かな。

森光　僕はね、その頃は、コーヒーのことだったら何でも集めていた。コーヒーのことを書いてある雑誌からもちろん小説から、まあ行き着く先は世界初のコーヒーの記録書として知られる『ALL ABOUT COFFEE』だけど、それが手に入った時には自分でも信じられなかったですよ。

大坊　いやあ、私、すごくうしろめたいですよ、そういう意味では。

あるバーテンダーが以前に「大坊さん、バーというのはウイスキーが一本あればいいです。何もなくってもやれるという考えで私はいます」という話を聞いた時、私の中にもそういう気持ちはあるなと思いましたね。

森光　動きは考えている？（大坊の動きの美しさに感動する客も多かった。所作に美学を見出す者も多い）

大坊　それは、そのためにというわけではないですが、自分は舞踏をずっと観続けています。舞踏といっても暗黒舞踏と呼ばれた土方巽とか大野一雄、山海塾の流れの舞踏が好きで、長いこと観続けています。そういう人たちは動きが美しいし、立っているだけでああきれいだなあと、ずっと追いかけていますね。演劇を観る場合でもだんだん台詞のないものをよく観るようになりました。たとえば太田省吾という劇作家は、「小町風伝」「水の駅」「地の駅」とか、台詞をまったくなしにして、動きだけで舞台を作っていく。あんなのを観ていると、ああ、いいなあと思う。

自分のは作業ですから演劇とは別ですけど、カウンターのなかで常に合理的に動けているかどうかが、どうしても気になるんです。これを持って、次にこれを持ってという作業でも、いやこれをこっちに持った方が、早くなる。早くしたいんですよ。無駄な動きが嫌なんです。こっち行ってまたこっちに戻ってくるのが嫌なんです。そういう嫌なものを省こう省こうとする傾向は、神経質なくらい持っているみたい。何もしなくて動かないのがいちばんいいんだけど、そうもいかない。

だから、スタッフは全員、フラットです。目の前のお客様に対応しないでどうする、ということですから。

私も同じです。コーヒーを淹れ終えて手が空いた時は、お客様に釣り銭を渡したり、水をお出ししたりします。決められた役割を正しく全うするということではなくて、目の前に起きたことに対応してカバーするというのは、オートメーションのいちばん高級な部分。ロボットを作る時にそういうことを研究しますよね。その時その時、瞬時に自由自在に動く。うちで働いていれば、皆できるようになります。

ただ、間の取り方を従業員に説明するのは、なかなか難しいんですよ。「もう少しためろ」って言うんです。で、そういう間合いのようなものが出てくると、全体の流れがおだやかになってくる。はっきりは言わないんです。だんだん生まれてくるから、関係の妙というようなものは説明しません。「それをするならこっちを先にやったら」とか、そういうことを考えないとね。

修業を希望する若い方は、今はいません。ちょっと前までは順番待ちといいますか、「待っていますから機会があったら連絡ください」という人がいつもいましたけどね。

大坊恵子さんのこと

「大坊珈琲店」が閉店する1ヶ月前。店では、1000冊限定で作った私家版『大坊珈琲店』の発送作業に追われる大坊恵子さんの姿があった。

細く開いた窓から射し込む、やわらかな光と冬の匂い。淡いペパーミントグリーンの釉薬がかかった片口でゆれる素朴なエノコログサ。ありふれた野草も「大坊」の空間に置かれるや、色香を放つ。都会の喧噪が遠のく、朝の時間。恵子さんの白い手だけが休むことなく動き続けていた。

恵子さんと大坊さんは1947年、岩手県生まれ。高校の同級生で、在学中につきあいが始まった。卒業後は、大坊家によく遊びに行ったという。

「当時としてはめずらしい読書家のお義母さんでね、すごく仲良しでした。感覚が似ているっていうか好きな人。話が盛り上がって年が離れた友達みたいだった。可愛い人だったの。盛岡は冬になると、朝、窓に霜がついているわけですよ。そこに字や絵を描いていて、遊びに行くとそういうのが残っていました」

1969年、ふたりは22歳で結婚した。大坊さんはこの時すでに銀行を辞めていたが、恵子さんのご両親に告げたのは1年ほど経ってからだった。

珈琲屋を始める2年ほど前、ふたりは一間のアパートで文鳥を飼っていたという。くちばしが紅くて体が灰色で、ピッピッと可愛い声で餌をねだった。休みの日になるとカゴから出して、部屋の中を自由に飛びまわらせた。

これは、当時を振り返る恵子さんと大坊さんの会話である。

恵子　文鳥を飼っていたのは、ちょうど自分たちの店を始めようという話をしていた頃で、ある日、こっち（大坊）は文鳥が餌を食べたりしているのをじーっと観察して楽しんでいるんです。それを見ていると、何だか知らないけど無性に腹が立ってきてね、あなた覚えてる？

大坊　覚えてるよ、徹底的にはっきりと。文鳥を見ていたのは、今やることがないからだよ。もちろん、やることはいっぱいあるけど、その時は動く必要がないから見ていた。すると『何やってんの、今から店をやろうとする人間が、そんなことをしている時か』って。

恵子　そう。最初からふたりで働いて一人分は生活費にあてる、もう一人分は開店資金にする。そう決めていたんです。でもその時は家にいて、何もやることがなかったから文鳥と遊んでいたんですよね、こっちは。それが色々考えるうちに焦ってきちゃったのね、私が。

アハハハハ。

大坊さんによれば「いまだにその図式は変わっていない」そうで、確かに傍《はた》から見ていると、恵子さんはわりあい躊躇なくズバッズバッと大坊さんに切り込んでいかれる。が、相手は一度こうと自分で決めたらテコでも動かない大坊勝次である。白黒はっきりと意見を述べる人じゃないと、とても太刀打ちできないだろう。そしてそんな恵子さんは、大坊さんにとって、ピンチになればなるほど心強い味方になってくれる存在なのだ。

表参道のビルの2階に店を開いたのは、ふたりが27歳の頃である。開店初日はあわただしく、昼食をとるのに、かろうじて隣の蕎麦屋に駆け込んだ恵子さんに対して、大坊さんは何も喉を通らなかったらしい。

「開店3日目に、タクシードライバーの人が前の道路に車を止めて、コーヒーを飲みに入って来られたんですよ。彼が私に言うんです。こんな苦いコーヒーを作ったら、お客さんが入らないからやめた方がいいよって。お帰りになってから、それをこっち（大坊）に伝えたら、カンカンに怒ってね、余計なお世話だって」

そう、可笑しそうに話す恵子さんだが、当初、店に出るつもりはなかった。

「店の中にふたり、主人がいるっていうのはあまりいいことではないと思っていましたから」

当時は、大坊さんと自分が夫婦であることもなるべく悟られないようにと気を遣いながら、日々の掃除を始め、店の間仕切りカーテン、エプロン、ネルなど何から何まで縫って節約を心がけ、コーヒーに没頭する夫を支えることに専念した。

「子供が小さい頃は、週末にちょっとだけ手伝って、後は子育てにかかりきりでした。小学生になった頃、夏休みなんか、カウンターのはじっこに子供たちが座っているの。それと毎年暮れに大掃除するんですよ、辞めたスタッフも手伝いに来てくれて。そういう時は、子供たちにも椅子ひとつだけでもいいから磨かせるようにしていました。若かったから、特に苦労とも思わずにやってきましたけど、お金の面はちょっと大変だったかな」

ちなみに、支払日は毎月10日。

「その日が近くなると、こちら（大坊）がご飯を食べながら手を宙にうかして、なんとかはいくら、なんとかはいくら……ってソロバンをはじいているの。そういう時代は長かったですねえ」

それでも珈琲屋の日々は新鮮で、時に思いがけない喜びに遭遇することも。恵子さんが好きなもの、それは可憐でたくましい野の花だ。幼い頃は、すずらんなどを山で摘んできては活けるのが楽しみだった。

「お店を始めるようになった時ね、こんなことがあったんです。新潟の越後湯沢から東京へ新幹線で出てきた方が両手いっぱいのススキを店に届けてくれた。それはもう嬉しかったですね。時間がないから置いていくだけって、名前もお聞きしないまま」

名も知らぬ人の思いやりは、惠子さんの心に清らかな水のようにしみ入り、元気をくれたことだろう。大振りの花器に、愛おしそうにススキを生けこむ姿が目にうかぶようだ。

店が軌道に乗り始めると、惠子さんも大坊さん譲りのネルドリップをマスターし、カウンターに立つようになった。その凜とした姿は、惚れ惚れするほど格好が良か

った。鈍い光のなか、目を細め、糸のように細い滴をゆっくりゆっくりとネルにおとす姿は、ハードボイルド小説のワンシーンのようにキマっていた。

「初めていらっしゃった方がカウンターに座って、一生懸命に話しかけてくるんです。コーヒーを作りながら、たまに目を見て相槌だけするんですけど、だんだん話をやめちゃうんですね。内心助かったと思っているんですけど、それだけじゃダメかなと思って、申し訳ありません、抽出の時はお話ししないようにしてるんですとお伝えしたらプイッと帰られたんです。これは怒られたかなと思っていたら、その後も来てくださって。それからはコーヒーを作っている時は、絶対に話しかけない。あ、分かってくださったんだと嬉しかったです」

「コーヒーを作る姿をじーっと見て、一杯のコーヒーを飲んでいると、自分がそれまで嫌だなあと思ったり、気が重かったりしても、座っているうちにだんだんそういうものが溶けて、もとの自分に戻れるっていうふうな話を聞くと、すごく嬉しいですね。あっ、珈琲屋の働きってそこなんだって」

恵子さんと大坊さんは、見たもの聞いたこと感じたことを何でも話しあう。同級生らしく、率直に。「おふたりは、よく討論されますよね」と恵子さんに投げかけると、「討論っていうより、喧嘩ですよね」と笑うが、決してそのようなことはない。

2012年、北九州市立美術館で開催された平野遼展に訪れた大坊夫妻とご一緒した時に、それを強く感じた。一枚の絵に射すくめられたかのように、一定の間合いで立ち止まるふたり。長年連れ添った夫婦だからこその呼吸であり、配慮というものだろうか。

互いが「個」であり、異なる視点を持っているということ。その自前の感性で対象をまっすぐに見つめること。恵子さんと大坊さんは、そうした互いの物差しを尊重しあい、これまでの人生を歩んできた。

「自分はこういうものがいいんだっていうのがはっきりしている人は、コーヒーでも何でもいいものが作れると思うんですけど。ここ最近は、自分の考えを持たないで人の評価をそのまま受け入れる人が多いような気はしますね。でも誰だって、その人の核というようなものを持っているんじゃないでしょうか」

最後に私の希望的観測だが、大坊さんのコーヒー人生はまだまだ続くと思われる。店を閉めてからも依頼があれば、全国津々浦々、紙袋と風呂敷に道具一式をつめて、ネルドリップコーヒーをふるまっておられるそうだから。

恵子さん、これからも大坊さんの隣にいてください。おふたりが並んで立っている姿を目にするだけで、無性に嬉しくなるのですから。

対談2

2013. 11. 25

「大坊珈琲店」閉店まであと1ヶ月

東京にて

大坊　自分としては、閉店の挨拶をきちっとして終わりたいと思ったのです。長くやりましたので、古くから来てくれている人とか、今は遠くにいてたまにしか来られなくなった人とか、早く告知をして挨拶する時間ができればと思っていたんです。インターネットというのはすごいですね。初めて来る人も多くなって、とても忙しいです。

「コーヒー豆も一人１００グラムまで」なんて、ねえ。誠に面目ないんですけど制限したんです。今、手廻し焙煎器を一日5時間廻しているんです、土曜日曜も毎朝。5時間廻して、やっと8回、6・4キロ。それでもストックが減るんですよ。ですから、ずっと焙煎し続けなければならない。

今日は、まず平野遼の話をしていいでしょうか。

森光　もちろんもちろん。

大坊　店の奥に掛けてあったあの絵は、自画像だと思います。平野さんの奥さんが一点ずつ順番に貸してくれていたんです。奥さんはここの壁を気に入ってくださり、平野遼の絵は東京方面で観られる場所もないから「一点での絵の展覧会」と呼んでくれました。

平野遼は九州の画家ですので、九州ではわりあい知っている人が多いですし、北九州市立美術館などで個展がたくさん開かれています。でも東京では、画廊の展示ではあるものの、パブリックな場所で展覧会が開かれたことがない。一度だけいくつかの画廊が共同企画した展覧会が東京セントラル美術館でありましたけれど。

森光さんには無理矢理、私の作った平野遼に寄せた一冊を読ませたよね。

森光　うん。へへへへ。

大坊　いきなり読めってね。そこに書いたんですけども、「自分のコレクションをお貸しするから店の壁に掛けませんか」とお客様から言われたのがきっかけで平野遼に出会いました。何回目かに貸してくれた絵が平野遼だったんです。そこで初めて私は平野遼の絵を観て、なんでこの人の絵はこういうふうに見えるんだろうって、興味をもったわけです。それで扱っている画廊を訪ねて歩くようになったんですね。それはもうだいぶん前です。東京セントラル美術館で平野遼展をやったのは1990年。私にとってはこの、東京セントラル美術館で行なわれた平野遼展が、彼の絵との実質的な出合いです。

でも私が森光さんにお聞きしたいのは、喫茶店に掛ける絵というのはどういうものがいいんだろうということです。難しくてずっと考え続けているんですけれども、まずそういう出合いが起こる前は、店には何も掛けないという方針でした。花も置かない、何も置かないという方針だったんです。

花や絵があるのがどうもイヤだったんですね。自分は絵画を所有していませんでしたし、絵を掛けるという発想自体がお金持ちの特権みたいな考えもあったんじゃないでしょうか。絵を観ることは、それほど熱心ではなかったですけど好きでした。もちろん自分の好きな画家、ゴーギャンなんかの展覧会で絵を観るのは嫌いではなくて観ていたんです。

ああ、もうひとつ話さなければならないことがあるんだ。

店の入口に「大坊珈琲店の午后」（1982）っていう小さい絵がありますね。牧野邦夫という画家が描いた絵なんです。牧野邦夫の絵を買ったのは平野遼の前です。一時この画家が近所にアトリエを構えていたことがあり、よく来ていたんですよ。奥のテーブルに座って前にモデルを座らせて、我々には見えないように小さいスケッチ帖を持ち歩く人で、店でスケッチをして、アトリエで描いていたらしいです。

できた時に見せに来たんです。これから関西にこの絵をもって行くところですって。で、さっき話したように自分が絵を所有するという発想がありませんでしたから、あればそこで「持ってくな！」って言ったかもしれないですけれども、「あ、そうですか」って。しばらくして大阪の画廊の方が、コーヒーを飲みにたまに来ていた人なんですけれども、「あの絵はここにあった方がいいんじゃないですか」と話を持ちかけてくれたんです。いやあ、悩みました。ちょうど値の張るクーラーを替えなきゃならなかったんです。

その頃つきあいのあった画廊の人に相談したり、自分も悩んで。1年くらい考えたんですが、ようやく決心して。

それともうひとつ言えば、そこからさらに遡りますと、実は「大坊珈琲店」の2軒目の計画ってなものを考えていたことがあるんですよ。その時、店の形をコーヒーを飲むだけでなく、焼きものを展示販売するような性格を強く持たせた店にしようじゃないかというう考えがあったものですから。そういうことがあって焼きものや絵を見に美術館や画廊などに通うようになったんですね。そういう中で、私の絵を貸してあげるからというお客様の申し出を聞いて、壁に掛けてみたら、やっぱりあの壁には絵があった方がいいんだなあと思うようになったんです。

毎日、平野遼の絵を観ていると、動いているように見えるんです。こちらの目が動いているのでしょうけど、観るたびに絵が動いている。どうしてこういうふうに見えるんだろう――最初に掛けた絵はそんなに特別な絵ではなくて「階段の群像」という具象画でした。階段を何人かの人物が下りてきて奥に消える。全部女性なんです。階段の上のほうには若い女性、階段を下りたあたりにいる人が子どもを抱いていて、次にちょっとそれより年齢がいった女性、後ろの方に消えていくのが年老いた女性というふうな構図の絵です。女の一生のように見える。お見せした（大坊邸で画集を見ていた）ペン画ですけど、あれもどこか線が動いているような気配が感じられるのですが、油彩の場合でもああいうタッチが多いんです。ですから何か動いているような錯覚があって、観るたびにいろんな見え方がしてきますし、今日はこういうふうに見えるなあというふうな興味の持ち方です。

続けて喋っていいですか？

森光　うん、いいよ。

大坊　平野は抽象的な作品が多かったんですけど、自画像をたくさん描く人なんですよ。さっき言ったような絵とのつきあい方をしているものですから、その抽象的なものを観てどうこういう意見は私にはあまりないはずなんだけども、その抽象的な作品の前でもう、魅入っちゃったんですね。釘付けにされたような感じで。

東京セントラル美術館の展覧会には、100号くらいの大きさの作品がたくさんあって、みんな抽象的な作品、新作でした。絵と向き合いながら、自分の内面の自画像と呼んでもいいんじゃないかと感じたんです。

自分っていうのは私自身のことですね。描く人はそういう抽象的な目を持っているのかもしれません。ただ私自身が勝手に俺のことを描いていると感じてしまったんです。そういう出会い方ですね。で、それからつきあいが始まったわけですけれども、喫茶店の壁に掛けるにふさわしいものかという考えはずっと持ち続けていますね。

自身の内面と重ねる、それがどういう状態なのかはわかりません。ただ……絵を「わかった」っていうんじゃないんです。何ていうんだろう、「自分を見る」っていうしかないのかな。わからないけれども「不気味だな」という気持ちもあったと思います。「何だこれ、一体?」っていうような気持ちも同時にあった。

こういう言葉を使っては平野さんの奥さんに申し訳ないけれども、「暴露」です。もう少しその下地の話をしますと、高校生の頃からやりたいなあと思っていたのは、ジャーナリストの立花隆や、むのたけじのようなことだったわけです。要するに、隠されている真実を明らかにしたいと。大袈裟にいうと社会的な真実というふうになりますけれども、そうじゃなくて、一人の人間と一人の人間がつきあう場合でも「暴露」……何ていうんでしょう、「自分をさらけだす」ということです。鎧《よろい》を脱いで話し合えばわかりあえる。鎧を着たり、社会性のもとで何かをやる時は心にもないことを言わざるをえないわけですが、どうしてそんなにしてまで人間はつきあっていかなければならないのかという疑問が強かったかもしれません。そういう性格だったんですよ。

もちろん新聞で見るいろんな出来事についても、どうして本当の姿というものを見られないのかって。もう今は、そんな考えは強く持っていません。世の中の仕組みとか人間の存在とかってものは、そんなに表に出すような関係だけでできているものではないと思っています。ただそういう性格が今、ここにつながった。まあ険しい言い方をすると、人の洋服を剥いで見えるもの、そこに真実があって、そこで鎧を脱いで話し合えば必ずわかりあえる。そういうこともあるだろうと思う。逆かもしれないけれども。

皆さんに「大坊珈琲店」に来たらば鎧を脱いでほしい。そのためには自分も鎧を着ていてはいけないんだという考えを私としては持っていました。厳しくつきつめてはいないですけども、店にしろコーヒーの味にしろ、こっちは率直に自分を提示する。私にはそれがしかできないわけですから。そういう私という人間の素を見たり感じたりしたお客様のなかには、こいつの前では鎧をとりはずしてみせてもいいという人もいるかもしれない。平野遼の絵を自分の自画像と見ることは、自分が裸になるということなんです。人間の深い部分の叙情、ここに共鳴があるという考えです。

ですからお客様とお話しする場合でも失礼にあたるようなことは、たくさんあったと思います。失礼というか驚かれたお客様がいらっしゃったと。決してお前の中身を見せろということではないですよ。何かこう、お客様を何となく見ている時に目が合うことがある。その時に、私は、じーっと見つめるというところがあるんですよ。単に眺めているわけではなくて、この人は何をやっているんだろうっていうふうな。それはもちろん全員にするわけではないですよ。この人はどういう人かなあと思うと、私の視線がそこで留まるんですよ、一瞬ね。

すると向こうもね、こっちを見ているんです。その時の私の目が率直であれば、言葉にしなくてもわかりあえるものがあるんじゃないか、なんて。この男、こんな格好してコーヒーを作りやがって、一体どんな野郎だ。そういう空気はあるかもしれないですね。

森光 あの、お父さんの戦争体験はどういうのがありますか？

大坊 そういう話は聞いたことないな。

森光 そういうことを聞かされたことはないわけね。

大坊 ないですね。

森光 戦争体験をした人はいろんな表現の仕方をしますよね。たとえば香月《かづき》泰男（1911〜1974。出征し、シベリア抑留を経験。それを描いた「シベリア・シリーズ」は圧巻。故郷にある山口県立美術館や香月泰男美術館にて作品は見られる）とか。彼の絵を見たとき、僕も非常にショックを受けた。平野遼さんにも何かしらそういうものを感じるというのかな。

大坊 そうですね。

森光 見えないものを見えるようにするというのが芸術家だろうと僕は思うんですけど、平野さんに見えたもの、平野さんが見たもの、僕たちには見えないけれども、そういうものを表現してあると思いますね。そうねえ、平野さんの絵をうちのお店にというのはありえないけど。ハハハハ。

大坊 まあ、これは抽象作品と言いきれないところも

ありますけど、これは壁に掛けることができます（平野遼の画集をくりながら）。

森光　いや、むしろそれは逆で、お客様が観て、鎧を脱ぐという感覚にさせるものでないと掛けたくない、という気持ちがあるわけよね。

大坊　何か自分が作用してお客様に鎧を脱いでもらおうという発想はまったくありません。

森光　あ、ないの？　さっきの話では……。

大坊　さっきの私の言い方は誤解を招いたかもしれません。内装にしろ何にしろ、そういう中で鎧を脱いでもらいたいという気持ちはあります。ですけどこの絵を掛けることによって鎧を脱いでもらおうとか……あ、あ、そういうことになるのかもしれないね。

森光　だって、お店に飾るもんだからさ。

大坊　そういうことになるのかもしれないね、確かにね。私自身は平野遼によって裸にはなります。しかしお客様は別ですよ。それでも私はこういう絵を掛けたいのです。

（ここで同席していた妻の恵子さんに）そうなの？

恵子　ああいう絵ばかりじゃないんですよ。たとえば時々掛ける絵で「休息のふたり」という小さい絵があるんです。それは本当に若くもない男女が階段みたいなところに座っている。男性が女性の顔を見ているんですけど、単純な構図だけれど観ていて気持ちがおだやかになるような絵があるんです。それから「老婆」という絵は横顔を描いた絵なんですけど、それも何ていうかな、しみじみとしてくるような絵なんです。全部が全部、そういう絵じゃないんです。ただ私が思うのは、店で絵を掛けるというのは展覧会で絵を観るのとは全然違うんですよ、感じ方が。

森光　うん、違うよね。

恵子　同じ絵を観ていても、観る方の気持ちにもよりますよね。すごく気分がいい時と、少し落ち込んでいる時とでは、同じ絵でも見方が変わるんですね。だからコーヒーを飲みながら、ふうっと一息いれた時に絵を観て、じっくりとその絵と交流してみるのも喫茶店のひとつのよさでもあるんじゃないかと思って。

森光　そうですね。

大坊　ああ、（話がまとまって）よかった。

恵子　あなたが最初に、話のいちばん飛び出た部分を言ってしまったものだから誤解を招くんです。そういうところを先に言わないの。

大坊　すみませんでした。

森光　ハハハ。でもそれはね、大坊さんが出しているコーヒーや店のスタイルっていうものとつながっているのは確かだと思いますよ。

大坊　平野さん自身とは、東京の個展会場で一度だけ会ったことがあります。それまでずっとひとりで彼の絵を見てきて、訊きたいことは山ほどあるはずなんです。でもいざ本人を目の前にするとね、結局、何を話せばいいのかわからなくなっちゃって、そのまま退いたんだけど。それからしばらくして彼は亡くなりましたから、私は平野と話す機会を二度とない形で失ったわけです。それはもう取り返しのつかないことですよね。

　でもそのことを話した時、友人が〝それでよかったんだよ〟と言ってくれて、ああそうかもしれないと私も思えたんですよ。だって……あの時に話せなかったからこそ、平野が遺した文章を読んだり、奥様の清子さんとお話ししたりして、自分の想像力をはたらかせ、新しい気持ちで絵を見ることもできますよね。作者にとっては不正確なことも多いかもしれません、でも私にとっては考えることがたくさんあるわけです。そういう絵との交流が珈琲屋の空間にも生まれていたとすれば、とても嬉しいことです。

森光　大坊さんのコーヒーのスタイルと、平野遼の絵を掛けるということは、やっぱり重なるよね。ネルドリップでやっているのは、やっぱり原点に戻ろう、原点から見つめようということだろうと思う。この平野遼という人も、自分の中にあるそういうものを見つめて描いたんだろうと思うし、それがさっきも聞いた戦争の体験のことなんだよね、どういう体験をしたのか知らないけど。

僕も戦争を体験したわけではないんだけど、親や周りの人から聞いていました。私の場合は、ハワイのばあちゃんが移民でハワイに行って、実際には「勝ち組・負け組」で分かれて、移民した人同士でいがみ合ったこともあったそうです。長崎には原爆も落ちたし……、僕の親しくしている人で鈴木召平という詩人がいるんですけど、その人もその体験をベースに物書きをしています。香月泰男にしても抑留されたという体験がベースになっている。

そういう体験が非常に大切だと思うわけです。で、手法的には、平野遼という人は、ローマ時代の話とか自分の知り合いが死んだ話とかそういうことを原点にして描くターナーと、何か似通っているところが感じられるんだけどね。でもターナーって、僕はあんまり好きじゃないんですよ。自分の好みはモネの「印象・日の出」あたりの印象派から現代の方です。

私も以前は、アーティストの道に進もうと思って東京に出てきたけど、なれなくてデザインの専門学校に行ったんです。近代絵画の父はセザンヌを指すわけだけど、僕はセザンヌが非常に好きです。絵の勉強をする人たちはみんなセザンヌから始まるんだよね。印象派の中でも独自のものがあって、いうなら自然と並行しているという発想なんだ。それは日本人の中にもあって、批評家の小林秀雄も言っている。歴史と並行して個人があるのに、どうも混同している人たちがたくさんいると。個人というのが非常に大切ということなんですけど、大坊さんにしたってそうだろうと思うわけです。みんながやっていることをやってもしょうがないわけで、やっぱり人と違う自分の中にあるものを仕事にしてやり通すことが大切だと思います。

大坊　どうぞ。

もうひとつ話していい？

森光　クルト・ゲーデル（1906〜1978。オーストリア・ハンガリー二重帝国［現チェコ］に生まれた数学者、論理学者）という論理学者がいる。完全性定理及び不完全性定理といわれる無矛盾について研究しながら、（アメリカの）プリンストン高等研究所でアインシュタインと一緒に教鞭をとっていた人です。論理学は矛盾がまったくない世界で、何でも理論的に証明できるといわれていたんだよ。でもゲーデルはそうじゃないと言った。たとえば「私は嘘つきです」と言って、それを証明する手だてはありますか？　ないでしょ。個人が関わってくると、そういうのがありうるんです。僕たちが仕事をするということにおいて、これは非常に大切なことだと思うんです。雪の結晶が全部違うのと同じで、誰もが同じことをやるのは、何か変だという気がします。だからひとくくりには言えないけれど、サラリーマン的な発想で毎日を送っている人ってそっちの部分が大きいっていうかな。ま、サラリーマンでも多く深く追求したらもっと違うものが出てくるかもしれないけど、簡単には証明できない。自分は証明できないものを持っている、その持っているものを表現するということが僕は非常に大切なことじゃないかなと思います。それがコーヒーを淹れるっていう自分の仕事でもある。

大坊　この前の対談を聞いた編集の人が「どうして初めての対談で話し始めて、いきなりあんなに熱中して話ができるんだ？　普通は、互いの探り合いをするものなのに」とおっしゃられたんです。それを聞いて、私はあれ？と思ったんですよ。私にとっては何の不思議もありませんし、森光さんは腹にもないことを言う人じゃない、というところに、つながると思うんですよ。ああいう絵を観て心にもないことは言わない。確かに、「鎧を脱ごうじゃないか」というのはありますね。

森光　確かに同じ珈琲屋として対決する部分はありますよね。でも大坊さんは同じ道を何十年もやってきて、ああ、この人も同じ穴のムジナ、じゃないけれど似たような体験をしてきたんだなっていうのが大前提にあるからね、それは隠しようがない。

大坊　その点で、最初から自分は何の鎧も着ていないのかもしれないけれども、ふたりともそういうふうな感じで店をやってきたのかなと思います。

森光　じゃ、次は僕の絵の話をしてもいい？　熊谷守一という画家なんだけど、寝そべってはアリを見つめて一日暮らしている画家がいると、高校2年生くらいの頃かな、聞いたことがあって、それを何か知らんけど印象深く覚えてたんです。当時は何がいいのかちっともわからなかった。

「美美《びみ》」の名付け親の秦さんが熊谷守一という人は当代一の書を書くんだといわれる話を聞いても、わからなかった。でも、店を始めてすぐの頃に前崎鼎之《まえさきていし》さんという書家が熊谷守一の「水仙」という文字について書いていて、それを読んでから何かわかったんだよね。理由を聞かれても説明できないんだけど。書こうとして書いたんじゃない、子供が純粋に書くような字（写真は森光が考案した「滴一滴」。前崎さんによる書で、板にはコーランの一部が記されている）。

それを機にあらためて絵も見始めると、何か見えないものが見えてくる。熊谷守一は洞察力や観察力が非常にすごい人で、アリをじっと眺めていたら前から2番目の足から歩き始めると言い始めた。まあ異論もあるんだけどね。熊谷家のそのアリはそうだったんだと思う。

それと「雨滴」という熊谷さんの作品があるんです。

ＮＨＫが番組を作る時に高速度カメラで水滴を撮っていたら、真上に飛び上がるんじゃなくて、まさしく熊谷さんが描いた雨滴のように、ちょっと右側に曲がって見えたんだって。熊谷さんは自分の目で、ありのままが見えるんだよね。

他にも、絶筆の「アゲ羽蝶」という絵には、アゲハ蝶とオレンジ色のセンノウの花が描かれているんだけど、僕が知る熊谷さんの研究家によると、アゲハ蝶はセンノウの花の蜜をあまり好まないから花にとまらずに上を横切るそうで、まさにその瞬間が描かれているというのです。絵については、まずそういう観察力や洞察力にびっくりしました。

熊谷さんは商売気もないし、大人よりも子供や虫や花なんかの自然を愛した人だったみたい。なぜ人が嫌いかというと、大人になるにつれて、だんだん嘘をつくようになるからだって。

それから熊谷さんは、1年間絵を描かずに音の振動数を計算して過ごしたくらいで、クラシック音楽への造詣が深い人でもあるんだけど、僕は「アゲ羽蝶」の絵を音楽やコーヒーの味とつなげて考えているんですよ。背景の黄土色が通奏低音だとすると、甘味は葉っぱの緑色、酸味はオレンジ色の花、苦味は蝶の黒っぽい紫紺色という具合になって、ドミソの和音を含んでいると思う。色は、それぞれをゲーテの色彩論の三原色として考えるとわかりやすい。

絵は、線と形と色彩というもので構成されます。パウル・クレーなんかも言っているけど、たとえば線は音楽でいうとリズムなんですよね。リズムと一緒に生命力が発露する。その線の持つ素晴しさというのは生命力なんですよ。

じゃあ、形というのは何をさすかというと、熊谷さんの絵を見ると自在に描かれているようですけど繰り返しなんです。色彩はといえば、朝と昼と夕方とで変わりますよね。そのある瞬間だけの色、まさしくその色が描いてある。まず色を置いて形や線を描き込んでいくと思うんだけど、あれも繰り返しですよね。だからね、熊谷さんは絵を描いているんだけど、むしろ音楽に近いものを描いていると僕は思う。

平野さんに大坊さんが感じたのと同じように、まず飽きないし、熊谷さんの絵って動いているように見えるんだよね。雪舟だったか、涙で床に鼠を描いたら動いているように見えたっていう、生きているものを感じさせるような。

これは、焙煎と抽出に関係するだろうけど、音楽でいうリズムとメロディ、ハーモニー、絵でいう線と色と形――焙煎や抽出もその三つで説明がつくんだよね。たとえば僕は写真を自分で現像するんだけど、フィルムの感度は特性曲線といってSの字を描く。これがいちばん豊かで素直に、白から黒までの階調を含んでいる曲線なんです。これも、僕たちが竈で米を炊く時の「始めちょろちょろ中ぱっぱ、ジュウジュウいったら火を引いて赤子泣くとも蓋とるな」っていうのに通じるものがある。

焙煎や抽出の時に、頭の中には何となくイメージとしてカーブがある。音楽もそうだろうけど、色彩もコーヒーの焙煎もいうなら目と耳と口の舌の感覚を使う、同じ仕組みじゃないかって僕は思う。管轄している部分は違っても、同じ仕組みでものをとらえているっていうかな。だから音楽と味覚も通じているし、色彩や視覚もおそらくは舌の感覚と通じているんじゃないかな。今はそういうふうに、ものを、コーヒーを見つめています。

熊谷守一が描いた絵と同じコーヒーを目指している。焙煎も抽出も、同じリズム、メロディ、ハーモニーのバランスというか、焙煎も抽出も繰り返しだもんね。

大坊 そうですね。私は繋げて考えたことはないですけど、今おっしゃったように感覚の仕組みにそういうものがあるとすれば、何らかの形で繋がっているかもしれませんね。ただ、私は誰の絵を見る場合でも、単に……共鳴する部分があるかどうかだけです。

森光 あのね、モノとコト、物事と言葉の関係性があるでしょう。モノを一生懸命見る人はたくさんいるんだよね、モノを見てその奥を探そう探そうとする。でもコトっていうのも非常に大切なんだよね。それはモノに対してのコトで、それはふたつでひとつの物事なんだ。だからカップ一客にしても一生使える本当に大切な存在としての思いが、その人の関わりやその人の人生の中であるはずなんだ。むしろそっちの方が見えないけど大切じゃないかっていう気はするのね。

前回の対談で大坊さんはものを作る人、いろんな職人さんに会いに行くって言っていたでしょ。それは僕、コトだと思うんだよね。やっぱりモノだけじゃなく、コトを大切にしているから。まあ、自分では意識していないかもしれないけど。

大坊　フフフ。
森光　今の珈琲屋さんって、モノでしか見ないんだよね。
大坊　おっしゃることは、まったくその通りだと思いますよ。ただ何の場合でも自分に問いかけるんですよ。
森光　うん、そうそう。
大坊　たとえば絵を観ても、あ、気に入った、どこが気に入ったんだ、本当に気に入っているのかっていうふうに問いかける。それはあたりまえですよね。何をする場合だってそう考えますよね。もし今の若い人たちの一部の中にそういうコトが薄いとすれば、自分で自分に問いかける、簡単にいえば考える、それが少ないのかもしれないですよね。
　考え抜けば、昔の人であろうと今の人であろうと同じような道筋を辿ると私は思うんです、人間である以上は。ただ考えるということを深くやるタイプもいるし、浅くやるタイプもいるし、いろんな人間がいる。そういうのは昔の人たちも今の人たちも同じですね。
森光　まっ、ただ単に珈琲屋でいうと、そういう風潮があるということだけどね。だからやっぱり昔も素晴しい人がたくさんいたし、今もたくさんいると思いますよ。ただ、コーヒー界に限っていえばモノの傾向がだんだん強まっていて、何か面白くないなっていう気が……しないでもないね。
大坊　現代を考えた場合に、一般論としてもモノの傾向でとらえている人もいるでしょうし、実際そういうことも多いのかもしれませんね。
森光　それは繰り返し繰り返しの、毎日やっている作業がない人はね、わからないと思うんだよね。写真家のアンリ・カルティエ＝ブレッソン（１９０８〜２００４。フランスの写真家）は、心と体、つまり手が一体化しないといいものは撮れないと言っているけど、ものづくりも同じで心と手があってはじめて素晴しいものができるんじゃないかな。楽器も同じで、いくらシンセサイザーが流行ったとしても、やっぱり手で奏でる音にはかなわない。ほんのわずかな揺らぎとかそういうものが心に訴えかけるんだろうと思うわけ。だから大坊さんの素晴しさって、やっぱり繰り返しているところなんだよね。
大坊　ええ、模索ですよ。目指す味を模索するしかない。ここに到達するんだという味は、まあ……まったくないわけではないけれども。毎日ティスティングしますね、するとここをちょっと削ってという課題ができます。そうすると明日そのために何を工夫すればいいのか、それを毎日やっていくだけなんですよ。ここに理想的なこういう味があって、そこを目指していくというんじゃない。毎日テイスティングして修正点を見つけていく、何とか修正できるかなと模索していくだけ。

森光　それは絵描きでも同じだと思いますよね。

大坊　同じだと思いますね。

森光　絵描きにしろ、舞を舞う人にしろ、ある種リズムやメロディ、ハーモニーとかいうプロセス、過程などは、見せやすいと思う。コーヒーの場合は、最終的には一杯しか見せるものがない。でもね、求めている人にとっては違ってくるんですよ。コーヒーもね。同じものであっても、明らかに違うんですよね。

大坊さんのお店は、ある意味見やすいというか、あの店に身を入れることですごく心地いいリズムとメロディとハーモニーを感受できる空間になっていて、それを感受しつつコーヒーを味わうという、ある種とてもよくできた装置というか舞台になっていると思うんだよね。

大坊さんは意識していないかもしれないけど、平野遼の絵を掛けるというのも、あるいは開店当初に絵や花を置きたくないというのともつながっているんだよ。自分が考えるリズム以外のものは入れたくないっていう。逆に、僕の場合は、音楽でたとえるなら短調じゃなくて、長調であるべきだと思う。短調はね、確かに日本人っていうか東洋人が好むメロディなんですよね。でもJ・S・バッハ以前かな、こういう言い方はおかしいかもしれないけれども、神に捧げるのが音楽だったんですよ。当時は、民族音楽、声明《しょうみょう》や聖歌のように、伴奏と主旋律で歌うモノフォニー（単旋律音楽）だったのが、時を経てポリフォニー（多声音楽）が生まれたんです。

音が増えると、今度はね、不協和音の問題が起きてくる。そこでまったく違うメロディを同時進行させ、旋律は対決独立しながらも調和するフーガの技法が発達したんだって。バロック時代になると、バッハはそういったものを集大成して、すばらしい革命的な音楽を作ったんですよ。僕がいちばん好きで何度も聴いているのは、バッハの「無伴奏チェロ組曲」なんだよね。

絵でもそうだけど、以前は神に捧げるものだったわけでしょう。時代とともに変わってきて今は大衆的なものになっているけど。

だから僕は、そういうものが絶えずコーヒーの中にもあってほしいと願っています。ベートーベンの「運命」は、ハ短調に始まって、ハ長調に終わるのかな。ま、とにかく人間の感情を持ち込むロマン派の人たちやそれ以降、もしくは現代音楽にしてもそうだけど、僕にはね、あまり魅力的ではないんですよね。ベートーベンの初期のピアノ曲とかは非常に美しいなあと思うんだけど、第九にしてもいいのはいいんですけど、……そこまでは、なんです。

大坊　うーん、なるほどね。神に捧げる。そこが私と森光さんの大きな違いがあるところかもしれませんね。私は……人間寄りかもしれない。

森光　そうそう、そうなんです。私だってまた変わるかもしれないんだけどね。

大坊　そりゃあそうですよ、そりゃあそうだけど。

森光　でも今んとこはね、僕は珈琲の神様に捧げるという気持ちなんだよね。絵描きの世界もそうなんだけど、絵というのはもう別個、別の世界なんですよ。その人じゃなくて、その絵なんだよね。

大坊　絵を観る場合は、作家個人のその私的な部分を離れたいとずっと思っていたんです。でも平野遼の場合は、個人の人生に近づきたくなったんです。

森光　うちの店のトレードマークは起き上がり小法師なんだけど、七転び八起きのほかに、「いつもの自分に戻してくれる」という意味も込めています。要するに禅の境地で、達磨がおおもとです。日本文化は、禅の世界が持つ世界観によるところが大きいんじゃないかな。大坊さんは、オイゲン・ヘリゲル(1884〜1955)というドイツの哲学者が書いた『弓と禅』という本を知っている?

大坊　いいえ、どんな本ですか。

森光　ヘリゲルは、7年間くらい日本に滞在して、日本文化に興味をもって弓の勉強をするんです。そこで出会った先生は大会に出れば百発百中の名人なのだけど、すっかり、大会に出るのが嫌になった。見せ物的な争いは弓の本質ではないと気がついて、同じ道を志す人たちを集めて教えるようになっていくんです。そこに偶然、ヘリゲルも遭遇して勉強するという体験記です。

その先生は闇の中でも狙いを定めて射ることができ

る達人で、ある時、先生がその技を特別に見せてくれることになった。暗闇で2本の矢を射ったら、1本は真ん中に命中して、2本目はその矢に当たって1本目と並んで的に刺さった。それはね、自分が的を射ようとして射るのではなく、的の方から招き寄せられる、的が呼んでいるっていうわけよ。「狙わずして当たる」、それが禅の境地。そういう世界があるんだということですね。

大坊　私は書物で読んだことはあるかもしれませんけども……。

森光　だから、書物じゃなくていいよ！　何でも自分が見聞きしたり、感動したりしたことを自分の味づくりにおきかえて、コーヒーを自分のイメージする「この味」に近づけていく作業なんだよ。僕たちはその作業をやっているんだよ。

大坊　コーヒーの方から引き寄せられているんですね。

森光　これまでの珈琲人生において、感動したコーヒーの味を覚えていますか？

　僕は「この味」を記憶していますよ。香りと味、感動した「三つのコーヒー」は記憶しています。私が感動した三つの味は、「カフェ・ド・ランブル」さんのグアテマラのドゥミ・タッスと、「もか」のマスターのブレンド、「琲珈里《ひかり》」さんのすごい酸味のキリマンジャロ。再現はできないですよ。その時だけの、一期一会だから。

大坊　あの時に飲んだコーヒー、あの時の味というのは、確かに記憶の中にあります。

森光　ありますよねえ。

大坊　だから自分が作ったコーヒーの、あ、ここを変えようというのは、その味の記憶も作用していますよね。しかし、その味に近づけるためでは決してない。

森光　それとはまた別だよね。

大坊　自分の中でここを変えたいなって自分が思うことですよね。

森光　昔はね、それを再現しようと目指した時期もあるんだよ、僕の場合は。「カフェ・ド・ランブル」さんにしろ「もか」にしろ「琲珈里」さんにしろ。ああいう風味に仕上げたいと模索したこともあった。だけど、あ、これは違うなというふうに、いつだったか思い始めたんだよ。むしろ、そういうことはありえない、そういうものが持っている、別の目に見えないものの方が大切なんだと思えるようになってきた。画家だと修業で模写をすることがあるよね。それは珈琲屋も同じで、どこかで飲んだ美味しいものに近づけてみるというのは、やるよね。

大坊　そうですね……。

森光　でも大坊さんの場合、まず、できないよね。そんな手廻しでやっている人はいないもんね。

大坊　ああ……そういうこともあるかもしれないけれど、最初、アパートで小さな道具で焼いてみたんですよ。で「これは変えなきゃ」って「あっ、この前よりはいいけど、これも変えなきゃ」と、最初から、修正することから始まりました。もちろん自分がよしとする自分の舌の快感でもあるし、心地よさでもあるし、前に経験したこの味はこんないい味だったという記憶も作用していると思うんですよ。だから、その時に「この味にするためには」なんて考えないけれど、味わった時に「変えなきゃ」と思うだけですね。

　こういうものを作りたいという基準は、あるんでしょうね。変えようと思うということは、味のイメージがあるということですからね。

　行った、ということで言えば、「ランブル」「琲珈里」も行ったことはあります。「琲珈里」は昔住んでいたアパートから近くてよく通っていたんですよ。

森光　あっ、そう！　へぇー。

大坊　それから「もか」にしろ「だいろ珈琲店」にしろ、ああ美味しいコーヒーとはこういうものなのか、という経験をしました。そういうものは心の中に今もあるんでしょう、そういうコーヒーをという発想は……。ただそこには作用してますよ。絶対作用してますよ。

森光　でも、焙煎ノートみたいなのがあって、線とか何とか何とかプラスとか、大坊さん本人にしかわからないメモが書いてあるノートがあるんでしょう？

大坊　店に戻れば見せられますけど……恥ずかしい。見ても何も面白いことはありません。わかりやすいことです、「柔らか甘」とか、「霞」とか、「陽炎のような浮遊」とか、矢印だけとか。ただし、それまでの経験から理想の味がはっきりとある人がその味を目指す場合でも、修正していく場合は自分の感覚なわけですから、同じことだと思うんですけど。ねえ。

森光　そうよ。あー、でもね、前の対談の時でも言ったけど、余韻ですよね。その余韻がたとえば感じられるかどうかが、自分の中で非常に大切なことなんだよ

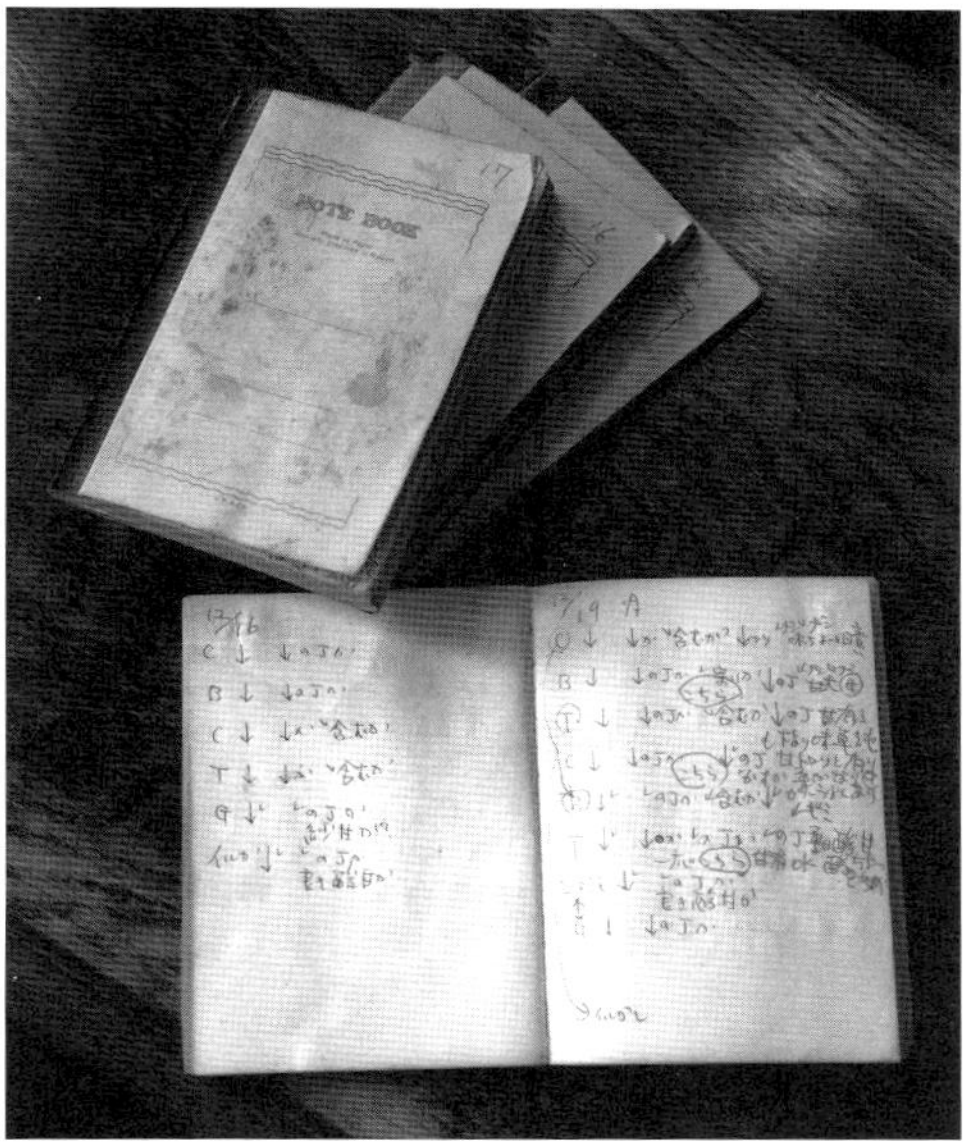

ね。書にしても絵にしても、ものを見る時にその余韻がそのものにあるかどうかは非常に大事です。コーヒーにも大事です。

飲み終わった後、それから最初にひと口飲んだ後ね。まあ、両方ありますもんねえ。小川洋子さんが書いた『博士の愛した数式』の映画で観たんだけど、たとえば一枚の枯れ葉があるとして粉々にしたら、この細かいそれぞれも一枚一枚になってしまう。葉っぱにしたって一本の樹にも見えるし。画家のパウル・クレーは、そういう分離できるものとできないものっていう捉え方をして、ああいう絵になった。

一杯のコーヒーもそうだろうけど、一口の連続した風味っていうのもあるし、一口だけもしくはスプーン一杯の場合の風味もあります。でもね、スプーン一杯では本当はわからないと思うよね。やっぱり一杯飲んで余韻を感じてはじめて一杯のコーヒー。だからこそ、喫茶店なり珈琲屋さんというのがあるんだと思いますよ。

大坊　私は、本当に何も考えてないんだね。たとえば50 ccくらい作って従業員みんなでテイスティングしますから、一口20 ccくらい飲みますよね。ちょっと置いて、ぬるめになったのをまた一口飲んで、というふうに続けます。味覚については、どんな人も対等だと思っていますから。こちらが上に立って指導するというふうな考えはまったくありません。彼らと一緒にテイスティングしながら、感じたことを率直に忌憚なく言い合う。その共通認識が大事なわけです。

あ、こういう言い方をしたらいいんでしょうか。私はよく彼らとコーヒーの味わいを笑顔に例えて話をします。笑顔って言うと極端な話になるので叱られるけれども、味の表情と言い換えてもいいです。一口飲んだ時のコーヒーの味があらわしてくれる表情、二口目を飲んだ時のまた違う表情、そんなふうに表情をよく話題にするんです。

森光　うん、変わるよね。

大坊　その表情をいかに自分好みに、よきものにするかなんです。今日のコーヒーはちょっと暗い笑顔だからもう少し明るい笑顔にしようとか。明るくていい笑顔ができたけど、明るいだけじゃつまらない、もうちょっと何か憂いを含んだ静かな笑顔を目指してみようとか、恋をしている女性のやわらかな微笑みをめざそうとか、いろんなことを言い合いますね。はっきりしたものではないですよ、もちろん。口元がちょっとゆるむくらいの微妙なもの、口にふくんだ時に鏡のように表れる表情のようなもの。こういうふうな言い方はワケわかんないことになるかもしれないけれども、自分が実際にやっている作業はそういうことです。

不思議なことに、焼くたんびに味が違うんですよ。その味について話して、ちょっと暗い笑顔だからもうちょっと明るい笑顔にした方がいいなって、まあこれは自然ですよね。明るい笑顔の味ができると、ああ、これはなかなかいいんじゃないって話しますね。それは毎回違いますし、繰り返しでもありますね。

明るくていい笑顔ができたねと思っても、さらに要求するものが生まれるんです。明るいだけじゃつまらない、にぎやかさをとって静かな笑顔にするにはどうしたらいいんだ？　そうするとたまに静かな、何かいい感じの笑顔が、あ、できたじゃないか、って生まれるんです。明くる日、同じようにやったって同じものはできないわけです。あ、ちょっと暗い、硬い感じがある、じゃ、修正しようじゃないかって。何か腹黒いものを持っているようなものができちゃったなってこともあるし。そういうふうななかで、気品がある味っていうのは必ずあるんですよ。

森光　うん、あるね。

大坊　よくあるとも言えますし、滅多にないとも言えますね。そんなにすぐすぐは会えませんよね。でも時々会えますね。目指していますから偶然とは言いたくないですけども、でも目指したからできるってものでもないので、やっぱり「できちゃった」としか言いようがない。私はそういう言い方もしたくはないですけども、目指していますから。

森光　画家の熊谷さんが「へたも絵のうち」って言ってるよ、ハッハハハ。うまく描けたときもそうでないときもあって、それは本人しか知らないわけだけどね。

大坊　ただ同じものを作りたいのかと聞かれたら、違う面があるかもしれませんけれども、最終的に大坊のブレンドという形で売る場合は、それが最高のものでないにしろ、いつも同じ味でありたいと思います。うちのブレンドの仕方をお話ししたと思いますけれども、それは一種、同じ状態を保つための作業と言えなくもありません。焼くと、朗らかな笑顔じゃない暗い笑顔のもあるわけですから、じゃあ、これはちょっと違う時に混ぜようとか、そういう調整はやります。それに

よって大体いつも同じ平常心の、一定の味を作る。

森光　僕の場合はね、またブレンドを変えたかって言われるくらい変えるんですよ。こっちの方がよりイメージに近い余韻が強いと思ったら、もうお客さんどうこうじゃなく勝手に変えるんです。それはもう、躊躇なく。

大坊　お客様がどうこうという発想は、私もないですね。同じものにしたいっていうのは、自分の中でまあまあいいかなっていうことだけですね。単に深煎りに偏りつつあるときは、浅煎りにしようと思うから、気持ちが徐々にそういうふうになってしまう。ところがちょっと浅煎りすぎるんじゃないかって、一定のポイントを過ぎることがあります。そういう傾向がありますので、意図してこれをシフトしていく。私の場合は少しずつしか変わらないですけどね、どういうわけか、そういう波があるんですよ。

森光　僕はねえ、珈琲豆には記憶があると思うんだよね。たとえば大地のミネラル分は、見えないけどいちばん大切。それは土だよね。土があってコーヒーの木があって収穫されて、とそういう過程の記憶は必ずその一粒の生豆に含まれていると思う。焙煎の作業も繰り返しだからその種子の記憶に、記憶が重なると思う。飲む時も、今度は焙煎の過程の記憶が重なった記憶を飲んでいると思う。

言わんとしていることはわかりますよね。僕がやるのは、その記憶が損なわれないように、お客様も同じような記憶を追体験できるくらいにするだけのことだよね。

大坊さんに僕が不満を感じるとしたらば、産地に行って土を食らってくるようなことをしていない点だと思う。

大坊　何回も何回も誘われたんですよね。イエメンやエチオピアに行こうとか。一度も一緒に行くって返事ができなくて本当に申し訳ありませんでした。

森光　いえいえいえ。それはもうお店を大切にするという自分のスタイルだから。

大坊　店を休むってことが考えられない……でやってきましたね。どうしてなんでしょうね。休まないでやるって最初に決めたことは決めました。最初、お正月もお盆もまったく休まずにやっていたんです。お正月、お盆の3〜4日は休みをいただくようになりましたけど。まったく休まないって決めたせいなのか、何かそういうふうになってしまった。おふくろが死んだ時も休んでいません。親父が死んだ時も休みませんでした。葬儀の時は従業員に任せて行ったんでしょうね。もちろんいろんな用事はやりましたけど休まなかった。なんでそんなにそういうふうになったんだろ。あらためて考えてみるけど。

森光　まあ、それもあるんじゃない。その人の生き方さ。

大坊　たとえ最初から休むことを宣言したとしても、お客さんからしたら店に来た時に「ああ、閉まってる」っていうのもねえ。従業員がお店をやれるようにすれば土日は休めるわけです。自分がまったく休まないわけではなく店の営業を休まないってことですからね。それをやめられないような感じになったのは、どうしてなんだろ。

森光　私も最初はそうだったんだけど、途中から変わりましたね。自分が新しく体験することがコーヒーにとってもお客さんにとってもいいことなんだって変わってきたからかな。

大坊　きっとそういうことはあると思いますよ。

森光　ま、哀しいことでもある。言ったでしょ、僕は海外に行っても本当にコーヒーの旅しかしなかったし。ハッハハハ、絵を観ても音楽を聴いてもコーヒー。もう使えるものは何でも使えっていうか。でも、たとえばJ・S・バッハもそうだったけど、「不協和音」をどう取り入れて解決するかは音楽で非常に大切なことだよね。バッハはその不協和音を上手に解決することで有名だけど、僕たちが毎日コーヒーをやっている時にも不協和音というのは絶えずあるわけです。それをどう解決するかの作業は、非常に大切だと思います。

大坊　森光さんがおっしゃるように、「あなたがやっていることはつながっている」と言われると、そうかもしれないと思いますが、自分の思考経路ではまったくないですね。ですから、美術や音楽について書かれた本を読んでいても楽しんで読んでいるに過ぎません。本を読むのは快楽のひとつです。ひとつの真理が生まれてコーヒーにつながるっていう経路は、今まで感じたことがないです。

　ですから、森光さんとお話をするようになっていちばん驚いたのは、まあここに神がいるとすると、すべての思考がこの神の摂理につながっている感じがすることです。森光さんの目からすると、お前だってつな

がっているだろと言われそうな気もしますよ、でも自分の発想としてはないってことですね。

*

森光　店で使うカップはいつも同じです。なるべく真っ白かブルー、呉須の色だけですね。それはその方がコーヒーが美しく見えるから。「大倉陶園」が多いね。

大坊　ミルクコーヒーのカップをボウルにしようと思ったのは、フランス旅行のお土産にもらったカフェオレボウルを見て、あ、これなら日本の焼きもの作家に作ってもらったら面白い物ができるんじゃないかと思ったからで、ある陶芸家に依頼したのが最初です。高台があって面取りしてあって、和風であるけど洋風に見える粉引《こひき》のもの。人気があってお客様も欲しいというので少しはお譲りできるように作ってもらうようになりました。カフェオレボウルというのはいろいろ工夫ができるので面白いなと思って、その頃から焼きものの展覧会を見に行くようになりまして、中でも備前の星正幸さんの深鉢、丸鉢を見てミルクコーヒーによさそうだと思って。

やっぱりお客様が自分[illegible]欲しいって言い出すんですよ。で、星さんに――[illegible]の人1年に一回しか窯焚きしないのでその時に三[illegible]とか四つとか頼むようになったんです。そう[illegible]カフェオレボウルとして使っているんだ[illegible]星さんが知るところになって、少しずつ最初の丸鉢から変化してきたところがあるんです。

で、いつかな、星さんが「大坊垸《わん》」と命名してくださいまして、これはお宅だけにして他には出さないというふうになった。作家とのつきあいでは流れが生まれてくることがありますね。もちろん備前焼だけじゃなく白や黒、青磁風の器だったりその時その時に使えるようなものを何とか入手しています。

福岡の方に5個くらい送ったこともありましたし、京都で珈琲屋さんをやっている人もそれを使っているという話を聞きました。

森光　確かにみんな欲しがりますね。うちで使ってる陶芸家の山本源太さんの砂糖壺にしてもそう。でもどうかな……。僕はコーヒーの道具っていうのは、一般の人が買えるものでありたいと思うんだよね。家庭でもそれを使いたいという人がいたら、手に入りますよっていうことは大切にしたいと思う。だからうちはドリップポットにした[illegible]店で販売するし、ネルドリッパーにしたってうちの奥さんが縫っているし。そういうものであって欲しい。

熊谷守一の絵にしたって本物は美術館にあればいいんじゃないかなって思うんですよね。平野遼さんの絵にしても、美術館があるかどうか知らないけれども、個人美術館があるとしたらそこにあるのがいちばんいいんじゃないかなと。だから、僕が持っている熊谷さんの版画はシルクスクリーンが多いですね。ま、それにしても珈琲屋にしたら散財です。それはねえ、珈琲屋のくせに……じゃないかもしれないけれども、他を節約して。

テーブルにしろ椅子にしろベンチにしろ、生活できなくても買ってきました。ベンチって、1階の奥にある木工作家の山口和宏さんの長椅子です。不思議なことに、そういいなと思うものと出合うんだよね。

2階の喫茶室の椅子は、井上幹太っていう作家がいたんですけど、彼のもの。大酒飲みで早くして亡くなりましたけど彼がとてもよくしてくれて、栗材で丈夫な椅子を作ってくれました。僕が最初に秦先生から分けてもらった大きな看板の材は栗なんです。だからなるべく栗で統一したいという思いがあったんだけど、材が足りなくなったのでカウンターは橡《とちのき》になりました。井上さんは、黒田辰秋の弟子みたいな人なんだけど、そういう人が現れて店も格好いいものにできたかな。

大坊　やっぱりコーヒーのことを同じように考える人は、椅子ひとつにしても同様に考えるんですね。当然ですよね。考えれば、自ずとこういうものにしたいなというのは生まれてくる。

　うちのカウンターは厚い一枚板にしたいなと思っていました。そういう場合、前もって準備をするんでしょうけどもね。たとえば古いお家の立派な梁に目をつけておいて、移動する時に持ってくるとか、時間をかけて手に入れるとか。私にはそういう準備をする期間はなかったですから、作る時に工務店の人に木を探してくださいとお願いしました。なけりゃしょうがないけれども、あったらこういうふうなものを探して欲しいと。

　そしたら大きいのがあったんですよ。それでカウンターにとったり上の棚にしたり。あの椅子は、神戸の「永田良介商店」という老舗家具屋のもの。デパートの家具売り場にコーナーを持っていたんです。さんざんどういう椅子にするか探した挙げ句にそこに行ってみたら、あ、これだっ！と思って。

森光　店を始められた当初から、ずっとあの椅子？

大坊　そうです。

森光　え、じゃ、40年も使っているの？

大坊　はい、何脚かはメーカーに戻して締め直しをしたのはありますけれども、40年間無傷で。

　私は、自分の好みとしてこういう椅子がいいんじゃなかろうかという考えはあります。ですから板です。上にクッションや布を貼っていない堅い椅子です。

森光　僕はやっぱり北欧のハンス・ウェグナー（1914〜2007。デンマークの家具デザイナー）さんの椅子。あれはすごい椅子ですよ。Yチェアじゃなくてね、「ザ・チェア（ラウンドチェア）」というのを自宅の食卓で使っています。ウェグナーさんの椅子って、僕は別格だと思いますね。これは喫茶店の椅子としても使える。使ってもいいけど何十万もするから普通買えないよね、喫茶店の稼ぎじゃね。できるならば、全部それにしたいっていうのはあるけどねえ。

　だんだん年をとると、ものが重たくなるんですよ。ウェグナーさんなんか軽いでしょう、ねえ。それでいて何十年使っても本当にびくともしない。あれはねえ、すごいと思う（写真は「美美」店内）。

大坊　私は……見て、これもいまいちだな、これもどっかピンとこないなあっていうふうにして家具店を見てまわって、「あ、これだ」と思っただけですね。「永田良介商店」という名前も初めて知りましたし。だから、やっぱり神には繋がってないんですよ。

森光　なーに言ってんの。

大坊　内装のイメージは、店を作る時、その何年か前に「週刊朝日」にどこかのビストロの店内風景が載っていたんです。天井の端に板が張り巡らされていて、その裏側に電気が入っていて天井を照らしている。今でいう間接照明ですよね。その時、板を張り巡らしただけでこういうことができるんだとわかったので、これでいこうと思ったのはありました。それは確かにこういうのがいいなと思ってやったことです。

なにしろ、当初は、店というものはアットホームにするもんじゃないから、妻にも店には来るなと言いました。変なところにこだわりを持っていますね。喫茶店は、置く本も時代小説、それもハードボイルド調という、そういう変なところがあったんですよ（103

頁）。

森光　こだわり。

大坊　最初は「花は生けない」とかね。

森光　僕はね、修業した「もか」のご夫婦は本当に仲がいい。それを見ていましたから、別にそういうのはなかったですね。子供ができて、保育園から帰ってきた息子を抱っこしながら一緒にうどん食べに行ったりしていましたから。面白いのはね、皆さんは「もか」という店名は、明らかにモカコーヒーのモカを連想すると思うんだけど、「もか」のマスターによると、「もんちゃん」と「かずこさん」のふたりがやっているから「もか」なんだって。標《しめぎ》マスターのニックネームは、もんちゃんだった。

大坊　えぇー！

森光　意外や意外、でしょ。

設計はどうしたの？

大坊　店の設計は、私が手掛けており「独自の」といってもいいと思います。図面は描けませんので、紙のデザインをする人に描いてもらいましたね。建築をやったことがあるらしくて図面を引けるから自分に引かせてくれって言うんで、それじゃあってその人の事務所に毎日通って、「ここどうします？」「どうしようかねえ」ってふたりで膝をつきあわせて考えました。

森光　大坊さんのお店は、前のうちの店とわりと動線が近いんですよ。「もか」の造りも、どっちかといえば近いよね。設計は体験的なものからつくらないとね。新しく店を作る人が、たとえば椅子の高さとかカウンターの高さとか知らないで作る場合がよくあるんだけど、ちょうどいいはずの寸法っていうのがあるんですよ。それは珈琲店で働いているからわかるんだと思う。素人的な発想で店をやる人は、そこらへんの動きがわからないから、たとえば厨房の配置をどうするかにしても、薬缶《やかん》の位置を手の動きと逆につけたりするんです。そこは働いているうちにわかってくるから、具体化するだけかな。置き場所や立つ位置は、店ごとに違うんじゃないかなあ。カウンターにいろんなものを置く人は多いよね。うちは極力置かないですむんだったら置かないという造りです。大坊さんのお店は最初から手廻し焙煎をやる作業が加わっているわけだから、そこは造りにも影響するでしょうね。

大坊　店の内装に関しては、昔働いていた「だいろ珈琲店」もそうですし、「茜屋珈琲店」（1966年、神

戸・三宮にて創業）も大体同じような造りだね。

森光　「茜屋」の場合、店内にコーヒーカップをぶら下げて……。

大坊　ああいうぶら下げるところを、まったく私は真似しませんでした。

森光　ちょっと黒い木のイメージだよね。

大坊　そうですね。カウンターがあって上に棚があって、という感じがいいなと思って参考にしました。それから作業台に何も置いていなくて薬缶だけっていうのは、「カフェ・ド・ランブル」がそう。あれがいちばんさっぱりしていいなと思いました。そういうところは、いろんな店を参考にしています。外にある外灯もそう。「茜屋珈琲店」の最初の店は、本当にガス灯を使っていましたよね。ガス灯、使いたかったの。

森光　わかるわかる。

大坊　あの光が私はとっても好きで、使いたかったですね。なんでできなかったんだろ？　開店まで慌ただしかったからね。予算もあったし、そこまで踏み込んで自分の好みを実現できなかったということでしょうね。

店が始まって、予算を使えるようになったからといって、じゃあそうしようという気持ちにはまったくならなかったですね。つくったまんま何も変えてない。もういいかなって感じかもしれません。

森光　珈琲屋の空間も、椅子やカウンター、絵や音楽、道具なども、そこにあるものはすべてコーヒーを飲むための大きな器といえるんでしょうね。あ、うちの場合ね、年末年始になると必ず掛ける軸があるんです。中国の泰山に刻まれた金剛般若経の拓本の「福」という字なんだけど。何がいいのか聞かれてもはっきりとは言えないんだけど、なんかいいんだよねえ。心に残る、僕にとっての感動するもののひとつなんだよね。おそらく年月や風化したものの良さがあって、それが見る人の胸を打つのだろうと思います。

前の今泉の店の方がいいっていう人もいるけど、今の店は5、6年前から目をつけていて、空いたら知らせてと狙って頼んでいたんです。「もか」のマスターが亡くなって荷物が来ることになって前の店を改装しようと準備していたら、この空間が空いた。本当に不思議だよねえ。

大坊　カウンターはそのままですか？

森光　カウンターは5席、前の店のをそのまま持ってきました。でも前の店も最初は3〜4席しかカウンター席は、なかったんですよ。大坊さんのところは……？

大坊　うちは、11席、椅子がありますね。

森光　お客さんにコーヒーを覚えて欲しいから目に入るようにしようと思って、だんだん席が増えていった。それと自分で美味しいホームコーヒーをたててもらうためには、開放的な店づくりも必要だろうと。

僕はこの前も言ったけど、お客さんの家までついて行って抽出の指導をさせてもらって、美味しいコーヒーをたてていただきたいと思うくらいなんですよ。現実にはそういうことができないわけだから、せいぜい見て覚えてほしい。

大坊　私もすべて見えるところで作業しています。ロースターもお客様の目の前で廻していますし。要するに「うちには企業秘密はありませんよ」という姿勢ですよね。

森光　そうそう！

大坊　「どなたでもやろうと思えばできますよ」って。まあ、やろうと思えばできますよね。続けようと思えばできますし。誰でもできることをやっているという気持ちはあります。あなたにもできるんだよって。だからこういう形のやり方もありますよというのは、一つの姿勢、主張といってもいいかと思います。

森光　もちろん見せない店もあって、それは「もか」なんかもそうだったよね。焙煎室は従業員も入れない。まあ、最後の方に勤めていた人は入ったみたいだけど。修業していた頃は楕円形のカウンターがあって、中に焙煎機があったんですよ。焙煎機の前に衝立《ついたて》があって隠されていて、焙煎は見たらいけないというのは了解があったし、お客様にも絶対に見せないという暗黙のはありましたね。まあ、確かにね、見てもしょうがないのはしょうがないんだよね。

大坊　そりゃあ、そうです。私が焙煎している姿は、従業員もいつもそばで見ているからこういう具合にやっているとわかるんですけど、最後のところはその人その人が体験するしかないですもんねえ。

　ただ私が言えることは、テイスティングを一緒に繰り返すこと、これはね、いい経験だと思うんです。私のやり方に倣《なら》ったとして、味を知っているということは自分で初めて焙煎して飲んだときに、修正していく発想が生まれますからね。

　初めての人でも飲んで自分の意見を言えるように誘導しながら味を聞いていくわけです。それがさっきの笑顔の表情であるわけですよ。もっと言えば何歳くらいの女性をイメージするとか。

森光　フフフ、女性でって、それは難しいですね。

大坊　いや、私が言いたいのは、それに正確な答えを出せというわけじゃなくって、先程も言ったかもしれませんが、味覚において我々は対等なんだということです。もちろん経験の違いはあるかもしれないけれども、こういうふうに感じるってことを率直に言い合うんですよ。率直に、です。こう言うと点数が高いとかではなくて、率直に言うことによってだんだんその味に対する共通の認識が生まれていく。それが一緒に働いている我々のいちばん大事な経験じゃないかと思うんです。だんだん慣れてくると、表現の仕方が微妙になっていきます。

森光　そうだよね。表現の仕方はうまい下手があるかもしれないけれど、味がわからないってことはないと思う。ただ、コーヒーを淹れると、味を安定させるのに時間がかかるという人はいるでしょうね。

　それこそ「もか」のマスターの師匠だった襟立《えりたて》博保

さんは、倉敷で「倉敷珈琲館」という店の顧問をされていましたけど、不器用だからという理由で弟子を選んだと聞いたことがあるねえ。

器用さはいいこともあるけど、それだけ逆作用もするわけで、不器用な人は習得までに時間はかかるんですけど、確実にものにするかもしれない。あくまで仮定の話ですけど、その人にやる気があれば成し遂げることもできるかもしれない。

まあ、ただ僕なんか最初は芸術を志していたけど、やっぱりそうはどうしてもならなくて珈琲屋になったわけですからね。そういう運命的なこともあるでしょうけど。

ただ人間は、最後はなにかしらひとつですよ。若い頃は、絵も描きたい、花も生けたい、デザインもやりたいと思っていたんだけど、結局、僕に残ったのはコーヒーだけだったよね。

道具のこと

一杯のコーヒーが主役とすれば、珈琲屋の道具は、小粒でもピリリと辛い脇役のような存在である。大坊さんは「道具は、一個ずつ、どこでどんなふうに使うかを想像したうえで吟味する」と言う。一方で日本の食文化や風土から物事を見つめる森光さんは、木や土などの自然素材が好みのようだ。いずれにしても素直な感性で選ばれ、ともに歳月を重ねてきた道具には、店主の人となりが表れている。

Text by Akiko Kosaka

焙煎機（器）

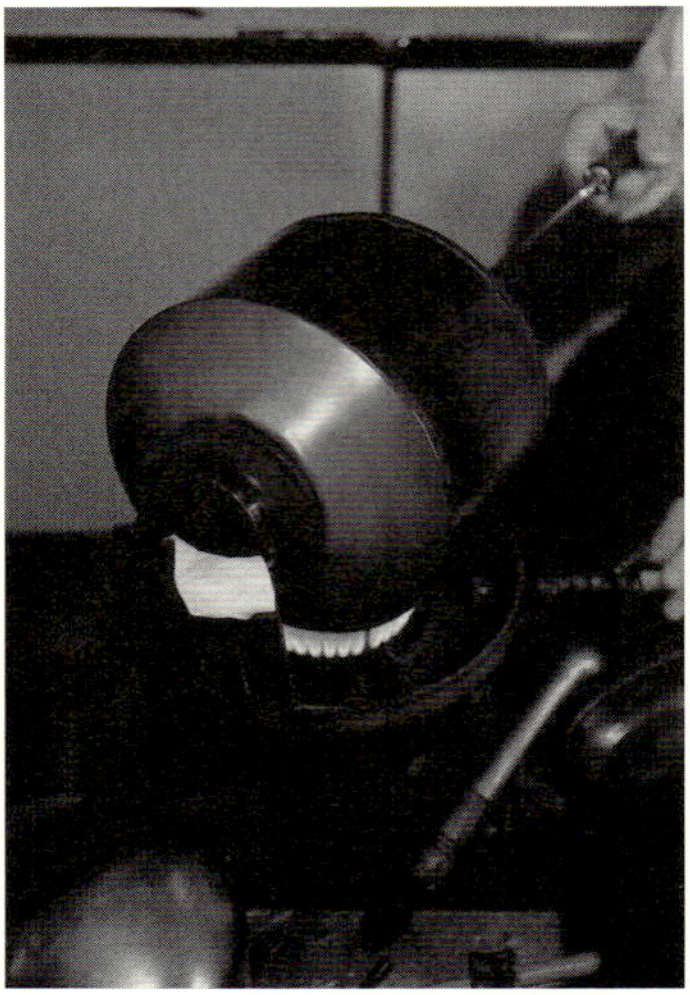

ともに富士珈機・フジローヤルで、熱源はガス。「大坊」の手廻し焙煎器は、フジローヤルの前身である東京目黒の富士珈琲機械製作所の寺本一彦さんに特注した1キロ釜。「美美」の機械は、「もか」より引き継いだ釜に、独自のカスタマイズを施した半直火半熱風併用式5キロ釜。焙煎機（器）選びは、味作りと直結する。

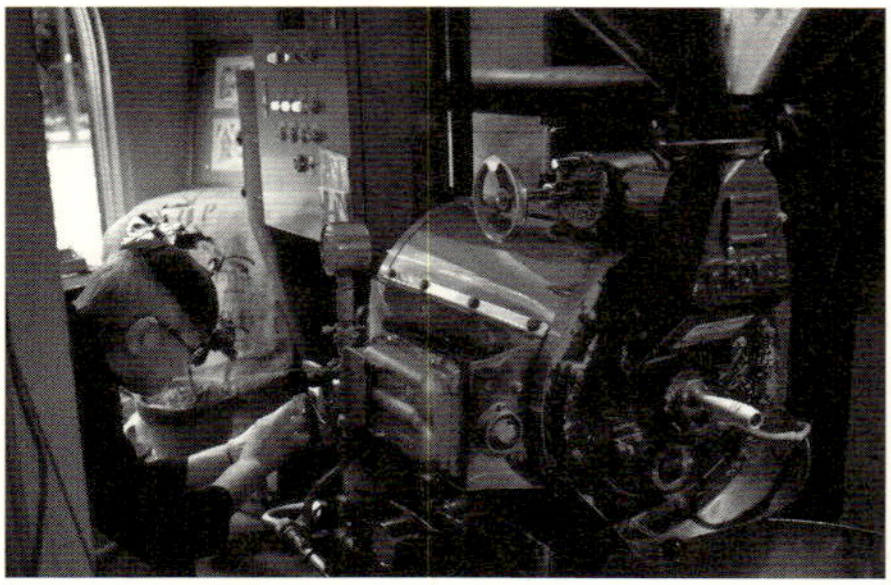

（以下、左は「美美」、右は「大坊珈琲店」）

ざる

両店で用途が異なる。「大坊」では焙煎豆を冷やすために、深、平、片口の3種のざるを使い分ける。かっぱ橋道具街や日本民藝館などで購入。使い込むほどに黒光りして美しいので壁に掛け、あえて見せる。「美美」では洗った豆をねかせるために使う。フィリピンなどの産地や竹細工の盛んな別府で購入。

ミル

「大坊」は、豆をすり潰して挽くグラインド式の「フジローヤルR-440」。豆を入れるガラス製ホッパーやアルミ蓋など時間を経て、骨董品のような風格に。「美美」は、豆を切り刻むカッティング方式のスイス製グラインダー「ディッティング」を採用。「もか」から引き継ぎ、オーバーホールして使用。

豆入れ

「大坊」の豆入れは、店内用と販売用を兼ねた赤い蓋付き瓶で、130、250グラムの2種。コーヒー色に染まった空間に映えるだろうと赤い蓋を選んだ。「美美」は名付け親の秦秀雄さんの影響で知った京都の開化堂の茶筒を使用する。毎日手に持つため、ツヤが増し、一つひとつ美しい風合いに。

ドリップポット

ともに新潟県燕市のユキワ製（5人用・ステンレス製）。「大坊」は、注ぎ口を石で叩いて潰し、細い糸のような抽出を実現した。水垢が溜まった時はペティナイフで先を削って調整。「美美」は木槌で叩いて注ぎ口を細めた。注ぎ口の根元から先が自然にすぼまる形状により、微妙な手加減で湯量が調節できる。

氷入れ

「大坊」のステンレス製の容器は、開店当初から。カウンターの内側に置くため、場所をとらず、丈夫で氷が溶けにくい形状を選んだ。「美美」は、店に隣接する「工藝風向」で出合って特注した「司製樽さんのおひつ」（徳島で製作）を採用。米文化への敬意を込め、焙煎した豆入れと合わせて木製品を愛用。

やかん

「大坊」は、笛吹きケトルの注ぎ口の被せを針金で固定し、音が鳴らない工夫をしている。蓋がないので温度が下がりにくく、注ぎ口が広いため一気に注げる。「美美」は、グッドデザイン賞にも輝いた柳宗理デザインのステンレスケトルを3個揃えで。底の面積が広く湯が早く沸くし、把手の形も持ちやすい。

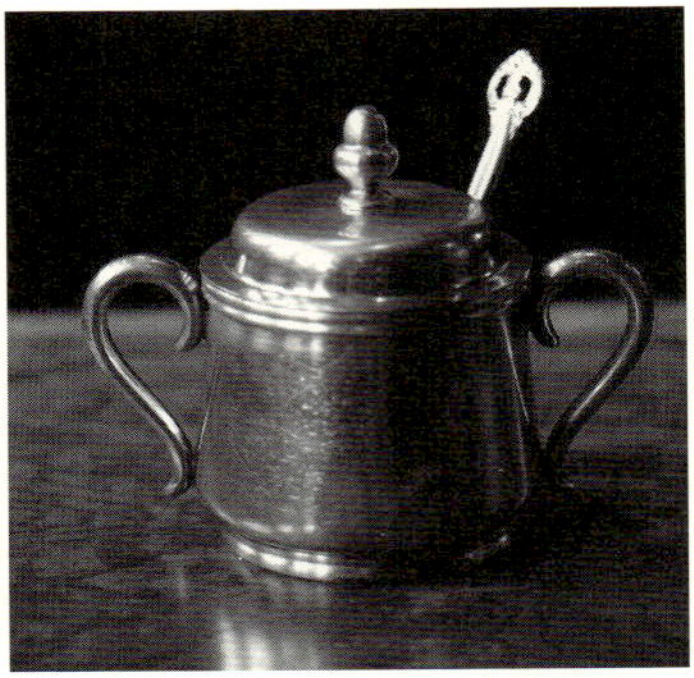

砂糖入れ

「大坊」は、素材の経年変化の味わいを楽しむため、あえてピカピカに磨かないよう、従業員にも伝えたとか。「美美」のダルマ型砂糖壺は、福岡県八女市星野村在住の陶芸家、山本源太さんによるオリジナルで完成まで約5年かかった。店主自ら窯焚きにも駆けつけたという「美美」を象徴する道具。

ミルク入れ

「大坊」は、無垢の真鍮製。使い込むほどに鈍い光を放ち、存在感を増すので、あえて磨かずに使う。「美美」は、熊本・小代焼の井上尚之さんのスリップウェアで、「工藝風向」で購入。温かみのある陶製のミルク入れからステンレス製の小さなピッチャーに注ぎ分けて出す。サイズ感と注ぎ口のキレも絶妙。

豆

「大坊」の豆売りは、ロゴを印字したナイロン製の袋が主体。厚みがあり丈夫なので、洗ってペン入れなどに使うという人も。「美美」の場合、店のプリンターで出力した手作りシールを貼ったビニール袋を使用。希望者にはネルドリップコーヒーの抽出法を記した栞を同封し、光を通さない紙袋に入れる。

お盆

「大坊」では、中央に花の彫りが入った漆塗りの民芸品（地域不明）を使用。カップ2客が載るサイズだが、たとえ一杯でも必ずこのお盆を使った。「美美」は、福岡県うきは市在住の山口和宏さんのオイル仕上げの一枚。頑丈でサイズも大きいので片づけ用に活躍。コーヒーを運ぶ際は小ぶりなお盆を使う。

森光充子さんのこと

「マスターは自分が決めたことは、やり通す人でした。私は、それについていくだけでしたよね」

〝寝ても覚めてもコーヒー〟の森光宗男さんを支え、日々の喫茶業務が滞りなくすすむように目配り気配りしてきたのが妻の森光充子さんである。

1952年、長崎県諫早市生まれ。ご両親は教師で、充子さんは音楽大学へ進学した。1977年初夏には、故郷で独立するために帰福した5歳上の森光さんとお見合いして、即断即決。半年後の11月27日に挙式、新婚旅行を経て、12月8日には、福岡市中央区今泉に「珈琲美美」を開店。息もつかせぬスケジュールで、当時25歳の充子さんの思考をストップさせる作戦かと思いきや……。

「第一印象は、そうですね、コーヒーの話なんかをしてくれて。真面目な人だなあと思いましたし、両親も気に入ってくれたので」

あまり多くを語らないが、飾り気のない素朴な性格同士、どこか通じ合うものがあったのだろう。

新婚時代には、こんなエピソードもある。料理ができるか不安を抱く充子さんに、「大丈夫。僕が料理の本を持っていますから」と森光さん。後日、北大路魯山人が著した玄人向けの料理本を手渡されたとかで、新妻は目をシロクロさせた……。ちなみに新婚旅行先は、ハワイのコーヒー農園。以来四十余年、旅はすべてコーヒーがらみである。

修業先の「もか」に倣い、店にはFMラジオを流していた開店当初。当時といえば、アメリカンコーヒー全盛期。東京仕込みの深煎りコーヒーを福岡で認知させるのは、容易ではなかった。

「いちばん大変だったのは、その頃ですかね……赤字が続いて。でもそのうちお客様も来るようになるだろうという気持ちは、どこかにありました。マスターが信念を持ってやっているから、信じられたんです。私はついていけば大丈夫って。でも最初は焙煎がうまくいかなくて、よくバッと捨てていましたねえ」

子育てを経て、開店5年目から本格復帰した充子さんは、季節の花を生けたり、ネルを手縫いしたり、経理をしたり、頑固で無口なマスターと客とのクッション役を務めたりと、目には見えない裏方の仕事を一手に引き受けた。ネルドリップの抽出を任されたのは、開店15年目あたりらしいが、具体的なきっかけは「うーん、覚えていませんねえ」。細かいことは気にしない、これもまた充子さんなのである。

「開店当初は、お煎茶、バナナジュースやケーキ、海苔トーストなども出していましたけど、一つひとつどうすれば美味しくなるか、ふたりで研究していましたねえ」

常連が増え、コーヒーの売上げが伸びるにつれ、今度はそれらを一つずつ減らしていった。いらないものは、潔く手放す。それは、焙煎、抽出などあらゆる工程にも通じる森光さんの美学でもあったのだ。

店の調度品については、惜しみなく投資した。

「店のテーブルにしろ椅子にしろ絵にしろ、うちでは生活費を削ってでも買ってきました。今はその季節のものを飾れるようになりましたけど。何をさておき、そういうものでしたね、うちでは」

ただし夫婦でいると趣味嗜好まで似てくるのか、外出をすると骨董屋ばかりが目についたという。夫は、ある時期からネットオークションにハマり、店には連日のごとくコーヒーカップやローマンガラスの小瓶、小型の活版印刷機などが届いたが、妻は目くじら立てるどころか

「変な絵とか買った時は言いますけど唯一の趣味だし、そういうところでしかお金を使うところもないし、いいかなと思いますよね。私の山葡萄のカゴもマスターがオークションで買ってくれたんですよ」と、顔をほころばせる。そんな気っ風のいい充子さんの掌でコーヒー三昧の日々を謳歌した森光さんは、果報者である。

もうひとつ、森光夫妻に共通するのが「やらないで後悔するより、何でもやってみようじゃないか」というチャレンジ精神である。危険と背中合わせのイエメンを始め、エチオピア、フィリピンなどの産地訪問、極寒のパリ・カフェ巡りなど、目を見張る行動力だが、森光さんはともかく充子さんは平気だったのだろうか？

「そうですねえ、旅行も焙煎も一緒にするのがあたりまえという気持ちでしたからねえ。それに私、どこでも順応できるんですよ」

この夫にして、この妻ありなのだ。

「あの交差点のチーズケーキ屋さん、行きました？　美味しいですよ」

街の新店情報にも敏感な充子さん。フットワークにかけては、森光さんの比ではない。運転が苦手な森光さんに代わって、大きな車をものともせず操り、遠出も厭わない。問題が発生した時も「こうしたらいいんじゃない？」、誰もが膝を打つ打開策を思いつく。森光さんも、こうした機転に随分と助けられたに違いない。

だが、別れは突然やってきた。2016年12月、いつものように夫婦揃って出かけた韓国のネルドリップセミナーを大盛況で終えた翌朝。ひと足先に帰国し、店に直行するという森光さんを充子さんと娘さんが空港の保安検査場まで見送った、その直後。森光さんは機内に乗り込むことなく倒れ、息を引き取ってしまった。韓国で贈られたアンティークの手廻し焙煎器を胸に抱えたまま。翌日の開店記念日を前に、きっちり39年間で、森光さん

は珈琲屋の幕をおろした。
　帰国した充子さんは、周囲の心配をよそに一人焙煎機の前に立ち続け、瞬く間にレジ下のケースを光輝く焙煎豆でいっぱいにした。葬儀を終えてすぐ、冬の曇り空に「美美」の灯を認めた時には、嬉しさとありがたさと哀しみがごちゃまぜになり、胸がつまったのを思い出す。
　充子さんの焙煎歴は、２０１２年から約5年に及ぶという。初めは森光さんの体調を気遣って簡単な補佐だけだったが、徐々に焙煎の一部を任されるようになっていく。「焙煎は人から教わるものじゃない」と言い続けた森光さんが焙煎を教えたのは、後にも先にも充子さんただ一人である。

「店を存続させるために、マスターは教えてくれたんだと思います。もし自分が焙煎できなくなった時は、私しかいないから」

とはいえ、マスター亡き後、妻が焙煎を引き継ぐケースは、全国でもきわめて稀である。そうしたい気持ちはあっても、技術の継承まで追いつかない店が大半なのだ。けれど森光さんは、こうなることを予感していたのだろうか。知識ではなく体が自然と動くようになるまでに充子さんの腕を育て、いつ何が起きてもいいように準備していた。おかげで「美美」の客は、路頭に迷わずにすんでいる。

森光さんと一心同体ともいえる充子さんの手によって焙煎された豆は、評判も上々。大坊さんも「充子さんの深煎り、私の好みですよ」と太鼓判を押すほどだ。森光さんもかつて「僕より焙煎うまいんじゃない」と充子さんの豆を褒めていたらしいし。

「いやあ、そんなことないですよ。私を奮い立たせるために言ったんですよ。それにマスターは、私にもできる簡潔な焙煎方法を教えてくれました。だからできたんでしょうし、今もその通りにやっているだけです。でもそこに至るまでは、随分と大変だったと思いますよ」

以前、カウンターに集った常連と、「森光さんは素数が好きだった」という話で盛り上がった。「焙煎でも素数が大事なんですよ。不思議とそうなっているんです」と充子さんが言うので、目が点になった。理由を尋ねても「それは秘密です」とにっこりかわされてしまったけれど、「美美」の焙煎術には、計り知れない秘密がつまっている、ということだけは確かである。

「マスターがいなくなったら、お客様も来てくれないだろうなと思っていました。時々、私で良かったのかなと思うこともあるんですよ」と控えめだが、そんなことは断じてない。充子さんという最高の伴走者がいたからこそ、森光さんは珈琲屋としての生涯を最期まで力をゆるめることなく駆け抜けることができたのだ。

「今でも抽出している時、焙煎している時、マスターのことをふと思い出すことがありますねえ。何気ないことですけど。今もどこかで見てくれているんじゃないかな」

カウンターに立つ充子さんの背中越しに、藍色の仕事着を着た森光さんの笑顔が見える。森光さん、幸せでしたね、充子さんという素敵な伴侶を得られて。

「マスターが喜ぶことなら、してください」

それが珈琲屋の妻、充子さんの口癖である。

対談3

2014. 1. 27

終日「珈琲美美」にて

店を閉めた大坊が森光を訪ねた

森光　店を閉めてから、大変だったでしょう。よく体を壊さなかったね。

大坊　いつもは土曜日と日曜日は焙煎しないんだけど、もう11月ぐらいから土日も毎朝7時から12時まで焙煎していました。豆が足りなくなってしまいまして（閉店直前は、豆の販売を一人１００グラムずつと制限をしたものの、足りずに一日20袋限定にしたという）。

森光　『大坊珈琲店』という本（私家版。１０００部限定で発売された直後に売り切れてしまい、同内容の本が誠文堂新光社から刊行された）も出されましたね。完売したっていうじゃない、すごいね。本を出すことに決めたのはいつ？

大坊　閉店する年の8月頃に決めたんです。１０００冊というのは量が凄くて、置くところがないので、階段の踊り場から上に積んでいました。

森光　普通は、出版社に預けて小出しにするけど。

大坊　今回は自費出版なので、預けるところがなかったんです。

森光　僕の本にもあとで大坊さんのサインを入れてもらえると嬉しいな、ハハハ。今は……どう？

大坊　…………。

　カウンターとか壁板とかいろんな道具類をすべて自宅に運んだのですが、全然まだ整理できてないです。整理するっていっても、例えばお客様の中で詩を書いている人がいるとしますよね。いろんな同人誌に発表したものをいただいていて、一冊の本ぐらいのができますよね。そういうのをきちんと読むところから始めていますので。本にされる前の段階で訴訟事件が起きてそのままの、雑誌に掲載された小説一冊分とか、ほかにもけっこうあるんですよ。もちろん、いただいた時には読んでいますけど、もう一回読んで……とか。

森光　難しいんだよね、お客様からいただいたものってねえ。

大坊　ええ、せっかくそういうふうにしてくれたものだから、きちっとしたいと思いまして。展示会などに来てくれませんかと言われた時もできるだけ行くようにしていたので、そういうスクラップやノートもたくさんあって。それを整理するのはなかなか大変なことなんですよね。ただ私は、そういう時間をきちんと持ちたいんです。

それから、今は、ジョギングと水泳をやっています。ただ朝の出勤タイムの最中にジョギングに行くのはまだ少し慣れませんね。私は、体力がある限りはコーヒーを作り続けるという意味で体を鍛えてきたので……。鍛えたのがこれから役に立つはずなのに、ここで辞めなければならなかったわけだけども、この辞める時の大変さに体が持ちこたえられたのは今までのトレーニングの成果かなと、考え方を変えることにしました。

森光 店を閉じて、何か気持ちの変化はあった？

大坊 毎朝6時前に起きて焙煎をしていた、そういう厳しい条件がないということは、私にとっては〝楽〟というより〝空〟といえばいいんでしょうか。正直言って、つかみどころのない心理状態でもあります。ただ閉店して、これまで私はコーヒーを作ってきたというより、珈琲店を作っていたのだなというようなことを……感じるようになりました。

森光 今、従業員の人はお休みにしているの？ 店が再開したらまた戻ってこいというふうにしているの？

大坊 退職です。それを従業員に説明したのが7月初め……。あと半年というところで、店の閉店をまず従業員に話しました。その時にも、店を再開するかもしれないなんてことは一言も言っていません。とにかく閉店せざるをえないから閉店しますと（店の入居するビルの老朽化が理由だった）。よそに仕事を探さずに自分の店を作る準備にとりかかる人や、まだ時機ではないけれどいずれ自分も同じ方向に進むとか、新しい働き先を探そうという人もいますけど。

森光 うーん、大坊さん自体はまだまだ白紙なの？ できれば再開したい？

大坊 ああ、わからない……です。

森光 わからないって自分の意志よ？

大坊 わからない。

森光 自分の意志がわからないってこと？

大坊 ……自分の意志がわからないって、おかしいね。

森光 おかしいよ！

大坊 おかしいかもしれないけど。珈琲屋を再開するかどうかに限って話をすれば、積極的に再開を考えているということは、ないです。

森光 ふーん。そこらへんがね。僕はコーヒーをやっ

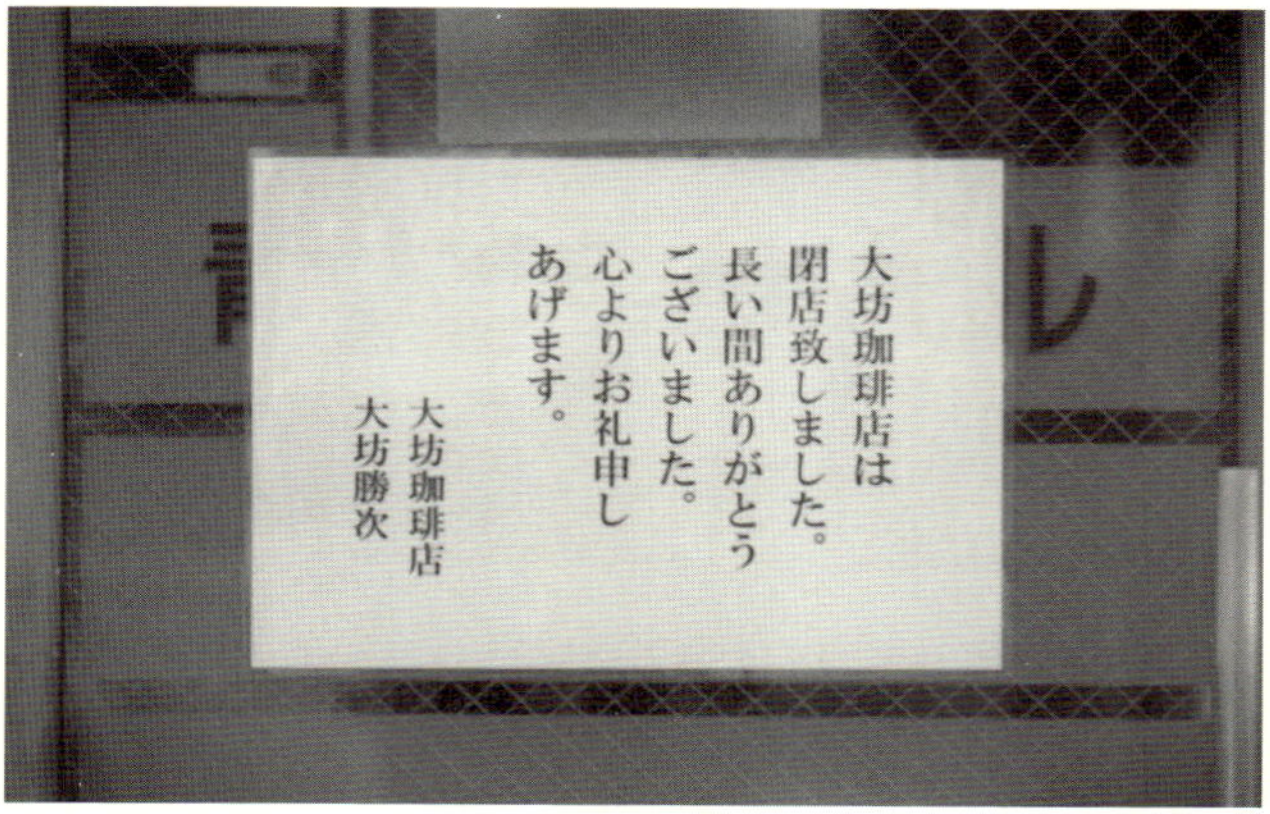
大坊珈琲店は
閉店致しました。
長い間ありがとう
ございました。
心よりお礼申し
あげます。
大坊珈琲店
大坊勝次

ていて想像がつかないんだよね。年齢のことは考えるけどさ。確かにね……。

（大坊自身がずっと黙っているため、森光が恵子さんに聞いた）……どうなんですか？

恵子　自分たちの店は自分たちの代で終わるとは最初から考えていたんです。子供はいますけれども、子供は自分の道を行けばいい。継ぎたいというのなら別ですけど、そうでないわけですから。じゃあ、自分たちも年をとったなりにやり方があるんじゃないか。営業時間を短くするとか、そういうことも考えたんです。

森光　豆売りだけにするとかね。普通はそういうふうに考えるよね。

恵子　ええ、考えましたけど、自分たちが店をやってきた時間、スタイルや思い、やり方、店に出る時の姿勢は変えたくなかったんです。今と同じ姿勢でやっていけるか、この先何年もできるかと考えると、自信があるとは言いきれないような。

私たちもね、普段はあと10年はできるって言っていたんです。だからガンバロウねってお互い言っていたんですが、今から新しい場所を探して自分たちのこれまでの姿勢を変えないでやっていけるかとなると、どうかなあと。
森光　でも変えるってことは、必ずしも悪いことじゃないよ。たとえばうちは前に穴蔵みたいなところでやっていたけど、今度は明るい店作りにしたんですよ。それでまた新しいコーヒーを探すっていうことにもなったわけだよね。だから災い転じて福となすじゃないけど、必ずしもそれが決定的なことじゃなくして、次につながる出来事だっていうふうに思えないのかな？
大坊　ええ、あの店を何とかして作ろうという発想に立てば、当然そういうふうな考え方になります。でも、うーん、その、辞めるという選択肢が芽生えてきた時に、何もしなくてもいいっていうことが、何かとても気持ちとして……。
森光　気持ちがいい？　快感に思える？　アッハハハハ。そっか。
大坊　そういう考えが芽生えたわけですよ。今まで閉店というのはまったく考えなかったのに、その選択肢が芽生えてきた時、「ああー、何もしなくてもいいんだ」って……。その考えが育ってきた時に、消極的な気持ちではなくて積極的な気持ちに生まれ変わったところがあるわけです。同時に、自分の中にどうしてもコーヒーをやりたいという気持ちがくすぶっているとしたら、再燃するかもしれない。だから未定なんです。未定っていうのは、何となく曖昧なんだけど。
森光　優柔不断だよ、アッハハハ。
大坊　そうなんだけど、今の説明で大体わかったでしょ？
森光　うん、わかった。
大坊　店を辞めて、今までできなかったことをやりたいという気持ちも私にあまりないんです。それよりも何もしない生活というものをやってみたいという気持ち。
森光　いや、私もそれを目指しているところはあるんだけどね。熊谷守一さんみたいに、家の敷地から一歩も出ないでね、ハハハハハ。
大坊　じーっとアリんこを見てね、そういうイメージに近いです！　ひとつの空想とか、憧れとか、現実的じゃないことをやってみたいなあと考えている、そういう気持ちですよ。私は小学生の頃から夏休みの時間割を作るのが好きだったんですけど、一日のうち何をしてもいいという自由時間ができるでしょう。何をしてもいいってことは、何もしなくてもいい時間でもある。これからの人生、もう一度子供の頃に戻って、そういうふうにしてみようって。してみて面白いかどうかはわかりませんけど。

森光　ハハハ。

大坊　珈琲屋っていうのはともかく勤務時間が長いからですね。森光さんみたいに、休みを何とか工面してエチオピアやイエメンに行ったりしていれば、本当に忙しいですよ。

森光　そうだね。何しろ今は決められないんだよね。

（二人で森光の焙煎現場をみる）

森光　僕の焙煎を見るのは初めてだけど、どうだった？

大坊　「フジローヤル」（1955年の創業以来、コーヒー機器の製造を行う「富士珈機《こうき》」のロングセラーブランド）の5キロ釜ですね。大きな焙煎機もいいものだなと思いながら見ていました。確か「もか」のマスターから譲り受けたものでしたよね。

森光　そう、マスターの師匠にあたる襟立《えりたて》博保先生が考案した特注品です。それにマスターと僕がそれぞれ自分の使い勝手がいいように改良を加えてある。この焙煎機のコツをつかむまでに1年くらいはかかったか

な。

大坊　それぞれに癖があるんでしょうね。

森光　僕たちが焙煎を始めた時って、まず手鍋から始めて、手網、大坊さんがやっている手廻しというふうに進んでいきますよね。やっぱり手網のよさもあるし、手廻しのよさもあるよね。

3キロとか5キロの大きな焙煎機の回転数というのは大体同じ（1分間に）58回転なんです。うちでは今、ドラムの回転数を好きなように設定できるインバータをつけたんですよ。フジローヤルさんと話していたら、それならすぐできますよと言われて。大坊さんは、手で廻すスピードは、一定？

大坊　考えたこともないです。

森光　手廻しでも、自動で廻るモーターをつけている人もいるよね。

大坊　ええ、そうです。開店当時、私と同じように手廻しをしていた人でもしばらくして行くと、ほとんどの人がモーター付きになっていました。

森光　大坊さんは、どうしてつけなかったの？

大坊　なぜだろう。5時間も廻せば、いつまでやるんだろうと思いますけど、やめたいとは思わなかった。

……やっぱり豆を焼くのは、（目を閉じ、両手を同時にゆっくり動かしながら）こう……でしょうねえ。

機械頼みの焙煎ではなく、私の場合、自分の五体で焼くということです。朝、眠そうな顔で本を読みながら廻すこともありましたけど、それもその時の自分のあり様ですよね。手廻しでなければダメということはないのですが、こうしなければ私のコーヒーはできないという思いはあったかもしれない。

森光　僕はね、インバータをつけることによって焙煎が安定したんですよ。空気っていうのは面白いもので、回転数が同じであれば空気の量は変わらないから、火力も一定になる。ところが、たいていの人は焙煎する時に火力の方をいじるわけ。でも僕は火力は一定にして、他で調整をするやり方っていうかな。最初はゆっくり回るようにして、中間があって、終わりの方がいちばん早い。そういうゆるやかな温度変化の中に僕は何かあると思うんだよね。よくわからないけど、そういうご飯の炊き方のようなものの中に、日本人が体験としてずーっと何代も続けて築き上げてきたというか培った、そういうものがあるんだと思うんだよね。そういうところからコーヒーをとらえられたらいいなと思うわけです。

大坊　自家焙煎を選択したのは、私には当然、あたりまえのことでした――どうしてあたりまえになったんだろう。コーヒーに携わった時に「だいろ珈琲店」や「もか」に行っていて、「だいろ」は最初手廻しでしたし、すぐ機械に替えましたけど、そこでも豆を焼いていたから、店で豆を焼くのは当然のことだと思っていました。あ、この珈琲屋さんはいいなあと思う店はみんな自家焙煎でした。

森光　僕の場合は、手廻し焙煎の前に手網焙煎をしました。僕はいまだにあっちの方が美味しいと思っている。手廻しのドラムは還元炎（空気を制限する）だけど、網だったら酸化炎（空気を充分に取り込む）にもできるでしょう。大坊さんは、手廻しの前に手網っていう段階はなかった？

大坊　ないです。自分は500グラムの手廻し焙煎器で焼くんだと思って、アパートでひたすら焙煎していました。あの頃は、煙なんかあまり問題にされてなかったんじゃないかな。それを続けてきただけ……ですよね。

私はそういう意味での研究心はないかもしれない。あの手廻しで焙煎して、修正して、修正して、あ、この味だったらいいんじゃないかって、でまた修正してということを飽きもせずに他の方法に興味をもつこともなく続けてきただけです。確かに何の設備もないし、酸化炎とか還元炎のこともあまり考えなかった。

ですけど自分の舌でテイスティングした時に、この味になりゃ、まあまあじゃないかっていう味をそれなりに維持してこられたというのはありますね。だから、たとえば森光さんのように師匠の味に近づけようとする工夫、私にはそれがないの。何か目指すものがあって、それになかなか近づけないからどうすればいいんだろうと工夫することがないの。今のものが果たして自分の中でいいかどうかというだけ。自分でテイスティングした時にひっかかる部分があるからそれを削ろうということばかりを繰り返してきた。

自分の味を出す、自分がよしと思う味を作るには自家焙煎しかない。人が作った味じゃなく自分が作った味を出す。それだけですね。

森光　僕の場合はね、「もか」を見ているから。最初はより近いものを目指した時期が長かったですよね。前もって鍋で焼いた時、中に網をしいた方が、回転がよくなるというのは「もか」のマスターに教えてもらいました。手網は側面に壁を作って、どういうふうに味が変わるかというようなことをやって、その後で手廻しを始めたのかな。自家焙煎という形は「もか」の影響だろうけど、感動したコーヒーというのは自家焙煎だったし、珈琲屋で自家焙煎というのはあたりまえのことなんだなと思ったよね。だから自家焙煎じゃないコーヒーの方が、むしろ一般的な〝コーヒー〟なのかわからない気はしましたね。

僕が影響を受けた人に（作家の）稲垣足穂という人がいるんだけど、「人に似ないように」と常々言っています。人に似ないような生き方をしなくちゃいけないし、人に似ないような文章も書かないといけないし、詩もそう。逆に言えば、「自分というのはある」ということですよね。それを追求するには、当然、自家焙煎。

まあ、後から考えて……自家焙煎でやっていくうちにいろいろと思うわけですよ。なんでモカの豆だけが独特の風味があるのか。当時のモカはそんなにいいモカではないですよ。でも、なんでだろう。

そこからモカに関心がいきましたね。実際にモカの地を踏んで、一粒でも、コーヒーの実を食べてみたいと、初めてイエメンに行ったわけです（森光の旅の顚末は著書『モカに始まり』に詳しい）。

大坊　ん、何を食べてみたい？

森光　コーヒーの実。果実を食べてみれば、なんでモカだけが違うのかがわかるんじゃないかなって。だって果実が違えば味も違うんだから、当然、種子も違うんじゃないかって。ま、それはそうじゃなかったんだけど、それで勉強が始まるわけ。

土壌ということになっていくわけだ。なんでモカに執着するかというと、エチオピアとイエメンというのは大地溝帯による火山性の土壌だから、自力でミネラル分を補給できるんだよね。他の国は搾取とまではいわないけど、ブラジルのような一大産地には、大地から栄養分を吸いとって30～40年経ったら別の場所に移ればいい、その間、資本主義的な発想で利益を得ればいい、という考えがある。そうすると土壌の地力は低下しますよね。

イエメンやエチオピアは貧しい国だけど、でもそういうことじゃなく、もっと大切なことがあるはずだと気づかされた。だからこそ昔ながらの栽培が守れているのかもしれないし、豊かになったら今度は多収穫の品種にかえようとするかもしれない。

それでもね、今すでにそういうところが一部あるとしても、まだそういう変わらない昔ながらの伝統の栽培法を続けている世界がある。新しい国っていうのは、確かに一時期、コーヒー産業としては大きくなるんですけど、やっぱり資本主義というのは回収しなければいけないから、どっかでそういう商売の仕組みを作るんだよね。それによって袋小路に入って品質は悪くなる。

でも、なかにはうまく循環している産地もある。自然の力に助けられているところも大きいよね。僕は行ったことないけど、グアテマラはその一例で、おそらくはミネラルを自力で補給できる土壌構造になっているんだと思う。でもタンザニアあたりだと大農園になってしまっているから、そんなに土壌自体が豊かとは言えない。必ずや品質は落ちるだろうね。昔のキリマンジャロのよさはもうないからね。

コロンビアはその最たるもので、僕たちが珈琲屋を始めた頃なんか、もっと豊かな味わいがしたもんだけどね。今はメニューにも置いてないけどさ、そういうふうになってしまう。でも量さえ確保できれば、時代の要求に適《かな》う、要請に応えられちゃうんだよね。

大坊　初めて産地訪問されたのが１９８７年のイエメンでしたよね。

森光　はい。イエメンには合計5回行きました。今は危険だから足を踏み込めなくなったけど。エチオピアもそうなんだけど、良質なコーヒーが採れる産地の土壌は、火山性が多いんだよね。火成岩で、マグマが地上に出てきた黒土だからマンガンという成分が多い。それが冷えて露出しているところもあれば、その上に葉っぱが枯れて養分をたくさん含んだ腐植土が覆っているところもある。その微生物がたくさん混じった土を食べてミミズが排泄したり、虫がたくさん来たりすることで栄養価が高くなって豊かな土壌になっていく。

現地に行けばそういうものを実際に見られるわけさ。ハワイのコナだと、溶岩が露出しているので腐植土がないところでも穴を掘ってコーヒーの種を植えて芽生えさせてやるんだけど、火成岩だけで十分に養分がいきわたる。腐植土が加われば本当に豊かな土壌が生まれる。

一方で、気候的には厳しい条件の方がいいんだよね。

それこそ標高が高い方がいいし、霜が降りて霧が出るエリアの方がいいし、イエメンのバニーマタル地方みたく水はけのいい丘陵ならなおいい。水はけがいいってことは、頂上からまた土壌の成分が補給されるわけです。スコールがあった時も伏流水を補給できる。だからコーヒーは本来平地じゃなくして傾斜地がいいというのはあるんだよね。手摘みで収穫するときは斜面だと労力もかかるわけだけど。そっちの方が美味しいコーヒーが採れるんです。

だから僕は、大坊さんにもそういうのを見て欲しかった、ハハハハ。まっ、大坊さんに限らないけどね、コーヒーをめざす人はやっぱり現地に行ってその土壌を見て、実を食べてみて、土も食べてみて、コーヒーの土壌っていうのはこういうものだと感じてもらいたい。

本当にいい土壌っていうのはね、黒々としてホコホコしている。バニーマタルはまさにそうで、もう本当に感動しました。もちろん腐植土で作った土壌というのは日本でもあると思う。だけど同じエリアでも谷ひとつ隔てるだけでまったく土壌の特徴が違うんです。僕は、エチオピアのジェルジェルツー村の豊かな黒土の土壌がいちばんかなと思います。その土地に実る大粒のゴールデンビーンズの葉っぱは、緑色じゃなくて、黄色なんだよ!

土壌の特徴が違えば、採れるコーヒーも違ってくる。そういう意味でも自分の足で現地に行って、土壌を見て、木を見て、この豆の方がいいんだという選択をして、商社に行って取引するというスタイルを作らなきゃいけないし、そういう時代になってほしいなと思います。

コーヒーの産地といえば、ブラジルがいちばん有名だけど、ブラジルで面白いのは、ジアマンチーナ・ヨシマツという豆ね。ダイアモンドの採れるミナスジェライス州に農園があるんだけど、そこは土壌からゴロゴロ水晶が出てくるんです。二酸化硅素、要するに石英なんだけど、不純物が混じらないで何十万年も結晶化しています。こういう純粋なものってある特定の性格、性質を帯びるんだよ。水晶は電気を発するんだよね。逆に、これに電気を加えると振動する。いわゆるクォーツというやつで、規則正しく振動する。石英なんて地球上の地殻ではいちばんありふれている成分なのに、純粋なものだけ集めて結晶化したら、そういう性格を持つことができるんだよね。それは僕たち人間でも同じで、子供の時代というのは非常に純粋で無垢で独特の魅力があるじゃないですか。

ただブラジルで残念なのは、コーヒーだけを単一的に育てる栽培方法です。コーヒーベルト地帯に沿って良質なコーヒーができていたんだけど、40年も経つと大地の中の養分がコーヒーに吸いとられて痩せてしまって、品質も収穫量も落ちていく。傾斜地であればまだ補給もできるんだけど、平地が多いと難しい。もちろんブラジルでもそうした栽培周期を作るために焼き畑をします。

エチオピアでは、コーヒーと一緒に、エチオピアの主食であるインジェラの素材でもあるテフや、トウモロコシ、麦、バナナ、イエメンの主要産物であるブドウとかいろんな作物を一緒に育てる、そこが非常にいいんだよね。農園の一部がコーヒー園だというあり方は、国の方策や効率、収量だけを見ると不利なんだけど、同じ作物を単一的に栽培するよりも長い目でみると理にかなっているわけです。イエメン、エチオピアには、まだそういう農法が残っている。ただエチオピアにある樹齢100〜200年もの古いコーヒーの木がどんどん伐採されて、生産性のいいものにとって代わられようとしているんだよ。

大坊　以前、コーヒー文化学会のスライドで見せていただいた背の高い木の場合は、ハシゴのようなもので収穫をしていた。

森光　そう、ラダーという三脚梯子ね。あのジェルジェルツーの古い木は、世界遺産に残すべきだと思うんです。うちでも署名を集めて、2009年にエチオピア政府に届けに行きました。

それはね、コーヒーをやる僕たちの責任なんですよ。学んできているはずなんですよね、人間は。古い木を伐って生産性のいい新しい木を植える。それをコーヒーでやっちゃいけない。

豆の精製法もいくつかあってね、水洗式や天日干しとか。エチオピアでもね、イルガチェフェとハラールで違っていて、イルガチェフェは水洗式、ハラールは自然乾燥。自然乾燥法といっても農民の人はそんなに厳密に選別しないので、完熟したものだけ採るというのが徹底されていないんです。未成熟の豆でも自然乾燥させながら熟すという段階を踏ませる場合もあるので、他のものに比べると自然乾燥法は死に豆や炒りむらができやすい。

　そこでうちでは欠点豆を自分たちでハンドピックする以外に、焙煎前日に50℃洗いをするようにしています。正確には53〜54℃くらい。昔から日本には温泉卵というのがあって、温泉卵は60℃の温泉に30分浸けておけばできあがることが知られているよね。そういうのは体験しながら長いことかかって方法を見つけてきたんだよね。

「50℃洗い」は、具体的には、53〜54℃の湯で合計3回洗います。1度目は汚れをとって、2度目でコーヒーの灰汁《あく》をとる。3度目の洗いの時に、焙煎機に溜まったコーヒーのチャフ（豆表面の薄皮）の灰を適量加えるんですけど、面白いのはね、灰をかけると、日本の「国菌」（酵素を生み、デンプンやタンパク質を分解する麹菌。日本醸造学会が日本の貴重な財産として「国菌」に認定した）でもあるアスペルギルス・オリゼー（黄麹菌。清酒や味噌など、麹としてもっともよく使われる）という麹菌ができるんだよ。味噌や醬油、日本酒なんかの複雑な旨味をもつ日本古来の発酵食品というのは、この麹菌がデンプンをブドウ糖に、タンパク質をアミノ酸に分解するというふたつの発酵から生まれるわけ

だけど、日本人は昔から麹に木灰を混ぜて麹造りをすると、耐久性のある良質な麹菌ができるってことを体験的に知っていたんですね。だから50℃洗いは灰汁をとりつつ、灰汁を残す作業でもあるわけさ。

大坊　湯に浸すと、渋みの成分が溶け出すんですか？

森光　というより、渋味成分が固まってとれていく。うちのコーヒーに雑味がないと言われるのは、そういう要素も大きいんじゃないかな。

大坊　最初に生豆を洗ってみようと思われたのは、何がきっかけだったんですか？

森光　イエメンやエチオピアで日常的に行なわれるコーヒーセレモニーで、生豆を洗う姿を見かけたんですよ。それで自分なりにいろいろと試してみたのね。ある時、夏場にコロンビアを洗って翌日流しをみたら、こぼれた豆から新芽が出ていた。温度と湿度の関係もあったんだろうけど、あ、これは活性化しているんだという発見がありました。

　ちょうど50℃洗いの話を聞いたばかりだったので、湯と水、両方で洗って焙煎してみたら、湯の方が味もよかった。以前、福岡在住の料理研究家、檜山タミさんに、なぜ50℃がいいのか尋ねたら、酵素の働きが促進されて灰汁や酸化物などがとれるのではないかとおっしゃっていましたね。以来、焙煎の前日には必ず50℃洗いをしています。昔は、渋味は悪いものじゃないから、食欲を増すためにも使えるかなと意識的に残していた時代もあったんだけどね。

　コーヒーっていろんなやり方があるし、自分の関わり次第でパラドックスが生まれるけれども、科学を踏まえたうえで論理的にものをみないといけないと思います。その方がわかりやすいし、納得がいく。体験的にいろんなことを試してみて、ああそういうことだったのかという結論に辿りつく。そういう作業ができるのが自家焙煎のよさだと思いますよね。

大坊　わかりました。あるリアリティを実感した時や発見を突きとめた時って、嬉しいよね。

　たとえば好きな絵について、ある深い部分での人間の情緒というものをそこから発見して、共鳴することがあります。それはある意味、まったく個人的なことで、森光さんのコーヒーに関する発見とは違うかもしれない……まあ違うこともないか。

　特にコーヒーに関しては、そういう自分なりの発見や模索が科学的に裏付けられることがある。そういう時も面白いですねえ。

森光　そうね。「渋味」について、話していい？

大坊　どうぞ。

森光　干し柿ももともと渋柿だよね、ま、タンニン。これは味覚的には出ないんだけど、タンパク質と結合して口の中でしばる、要するに、なめす。渋味は刺激に近いということもあって、苦味、甘味、塩味、酸味、旨味なんかの味覚には入らない。この渋柿を乾燥させると、なんでか渋いのが甘くなるよね？

大坊　それは知っていますけど、どうしてですか。

森光　渋味をとるためには、三つのやり方があります。一つ目は二酸化炭素を含む炭酸ガス。これは、ネルドリップの際に出る泡。ドリップする時によく泡立つコーヒーは美味しいってことね。コーヒー粉に湯を注ぐと膨らむ泡蓋、それが外気に触れると灰汁が出て渋味が生成される。二酸化炭素、つまり泡がよく立つコーヒーは灰汁であり、渋味をとっていることになるんです。かといって人間がわざとたくさん泡を立てようとするとダメ。あくまで熱と重力の自然任せ、コーヒー任せがいちばんいいと思います。焙煎過程においても同じで、二酸化炭素をコーヒーの中に引き入れて渋味をとるメカニズムがあるんです。

渋味をとるための二つ目の方法は、アルコール。柿のへたの部分に焼酎をひたすと渋味がとれるのは、タンニン成分が不溶性になるからなんだよね。

三つ目は、豆を湯に浸けるという方法がある。渋味は、口の中で唾液と結合して溶けることでより渋味を感じます。それを湯で固めてしまうことで、本来の果糖や旨味を感じることができるようになるんですよ。

大坊　私は豆を洗うことはしませんので、手廻し焙煎器の温度調整と抽出の両方によって、渋みや雑み、灰汁のようなものを調整しているといえるでしょうかね。焙煎する時もちょっと早めに火を弱めてみようかとか、最後は余熱で仕上げようかとか。

森光　「もか」のマスターも焙煎の最後はね、余熱で仕上げていました。そうすると、抽出の時に泡が立たなくなるんですよ。

大坊　ああ、うちのコーヒーも泡が立ちません。むしろできるだけ泡を立てないように「タチ、タチ、タチ」と一滴一滴、ゆっくりと湯を粉に置くようなイメージで注ぐやり方です。湯の温度も80℃前後ですし、森光さんの抽出のように泡が立つことはありません。

森光　うーん。僕には、泡をできるだけ立てないように淹れるという、その意味がわからない。確かに洗った方が泡立つというのはあるかもしれない。ただなぜ洗うかというと泡立たせるためじゃなくして、ある一種の甘味を引き出すために深く煎っても大丈夫なコーヒーを作るというのが目的です。

　うちの場合、泡の中にさらに小さな泡ができるんだけど、窓からの光によってはその泡の中に七色の虹が見えるっていうかな、輝いてみえるんです。そうすると、ああ、美味しいコーヒーが入っているなとわかる。まあ、僕なりのひとつの目安だけどね。ただある人から聞いたんだけど、四日市の萬古《ばんこ》急須をしばらく使いこんでいくと、底の素地に虹彩色が現れることがあるんだって。

　萬古急須は、うちの店名をつけてくれた秦先生からいただいたものなんだけど、使い込んでいくうちにうっすらとした茶渋の薄い膜が張られて、反射光が生まれるんです。それが虹色に見えるっていう。どうだろう？

大坊　（抽出中の粉の中に虹色が見えるかということについて）いえ、見えません。

森光　「私はそういう見方をしたことはありません」でしょ、ハハハハ。だから、泡の上に見える虹色は、シブの成分がとれているんだよね。

大坊　さっきの渋みをとるための三つの方法。そのひとつが泡で、炭酸ガスを含むと聞いた時に、ああ、そうだったのかって驚きました。うちの場合、抽出する時の湯の温度がかなり低いということと、豆の挽き方も粗いということと、それからゆっくりゆっくり淹れるということで、あまり膨らまないし、泡もそんなに出ないんです。

　だから見た感じでは美味しいかどうなのかわからないと思うんですけど、挽き目もいろんなのを試すうちにあの粗さになったし、お湯の温度もあの低い温度にした方が自分の考える味に近い。膨らむとか泡とかはなくていいからゆっくり淹れましょうとやっているものですから。

　ひとつ言えば、フィルターの中にお湯をためたくないのです。フィルターの中が湖状態になることを避けたい。できるだけお湯が流れているようにしたいから、ゆっくり注ぐのです。それで泡は立たない。

森光　そうか……うちはシブを含む灰汁をとるためにあえて泡を立てているんだよね。うちの場合、冷却後はまだ少し温かい段階でおろして、ちょっと蒸らし加減にして適度な熱を含むうちに保存用の缶に移すんです。大坊さんは、おそらく冷めて瓶に移すのかな？

大坊　紙袋に移す時は、もう冷めています。ザルにおろした豆をあおいで、次の焙煎が終わった時に冷ましておいた豆を紙袋に入れます。その時は触っても多少冷め切らない部分がありますけど、袋で置いておきます。今日は、森光さんが保存用の缶に濡れたタオルをかけてその上から扇風機の風を送るのを見て、「ああ……」と思ったし、前日に洗ったコーヒー豆が少し膨らんでいるのを見ても、「ああ！」と思ったし、いろいろと発見がありました。自分もやりたいなあと思ったっていうか。

森光　珈琲屋、再開しないとできないよ、アッハハハハ。

大坊さんも水で洗った時期があったんでしょう？味が抜けちゃった気がしてやめたって言っていたけど、どのくらい水洗いしたの？

大坊　１回……。確かにね、豆の表面が汚れていることはわかっているんです。その汚れをとって水を切って、明くる日に焼いたんです。

森光　話を最初にもどすと……ぐっと戻していい？　音楽の和声法で「カデンツ」っていう和音同士をいかに連結させるかの法則があって、僕の場合はいつもブレンド作りに用いるんだよね、イメージとして。もちろん単品でやっていくんだけども三つの和音の組み合わせでブレンドをまとめる。店でいちばん出るのもブレンドだしね。

　雑味は、音楽の和声学でいえば不協和音にあたります。これをゲーテの色彩学で見ていくとする。ゲーテの色の世界を描いた独楽《こま》を回すと、赤や青や黄やいろんな色が全部混ざって不思議だけど、黄土色になる。ということは、この黄土色を背景に持ってくれば、色彩の不協和も解決するというふうに考えてもおかしくないと思うんだ。

大坊　そういう理論があるんですか？

森光　いや、誰も言っていない、私が考えた。日本画でいう金屏風もね、背景を金箔でうめることによって全体を調和させる働きがあるんだって。

大坊　森光さんの味づくりの方向性は、よく分かりました。その不協和音を解決する、熊谷（守一）さんでいうところの黄土色にあたるのは、味覚においては何だと思われますか。

森光　やはり渋味です。渋味というのは、クロロゲン酸のこと。三原色論でいうと苦味と酸味と甘味。この三つが味覚のメインです。これは、わかりますよね。

大坊　そこに旨みと塩みを足して、五味。

森光　普通はそう教わるわけ。普通、舌で感じられる五味というのは、苦味と旨味と酸味と塩味と甘味なんだよね。普通はそう教わるけど、僕はこの「渋味」がコーヒーに関係するなかで、いちばん面白いと思う。さっき、干し柿の話で渋味を消すには三つの方法があると言ったけれども、渋味のクロロゲン酸はタンニンと似ていて、これが渋味の正体さ。それは口がしばるっていう一種の刺激としてとらえられていて、現在の科学では味覚として認識されてない。でも渋味が甘味になるかどうかというところまでもっていった時に初めて、コーヒーに風味豊かな余韻が生まれると僕は思う。まったく渋味を殺しちゃうとダメだし、かといって残しすぎるとまた困ったもんで、そこらへんのバランスがね。その渋味を甘味にかえる作業が豆を洗う下準備なわけ。渋味は、そもそもコーヒー豆には灰汁として備わっているしね。しつこいけど、あの洗う作業は灰汁をとりつつ、灰汁を残しているからね。

生豆に熱を加える焙煎という作業も、おそらくそういうことだと思う。焙煎豆のいちばん多い成分は脂質なんだよね。次にアミノ酸とタンパク質、その次にあるのが渋味のクロロゲン酸。で、クロロゲン酸は焙煎することによってだんだん少なくなるわけだけど、これを全部とってしまうと、風味や余韻、フレーバーが少なくなっちゃう。

大坊　あまり灰汁ということでは考えたことはありませんけど、テイスティングの時に渋みが出ると、この渋みをどうすれば消すことができるだろうかとは常に考えています。

ただ仮に渋みを消すことができたとしますよね、すると何か物足りない。あの渋みをもう少し残すにはどうしたらいいか、というふうなことを繰り返していま す。苦みにしてもそうで、この苦みを消すためにはどうしたらいいか……。酸みについても同じです。ただ開店当初は、酸みをゼロにしたいというひとつのこだわりみたいなものがあったので、かなり焙煎は深かったと思います。

その酸みをどのくらい残そうかという考えがだんだん出てきましたから、少しローストポイントが浅くなった。ただ豆によって焼く過程の火の強さが違うし、酸みにしろ苦みにしろ、その残り具合が微妙に変わるものですから、それをどの程度にするかは毎回毎回苦労することですよね。その時に我々は、味の表情という言葉を使うんです。その表情というのが森光さん流に言うと、渋みをどのように操作しているかの結果なのかもしれませんね。もちろん苦みというもの、酸みというもの、それを甘みがどのように包み込んでいるか、といういろんな作用の総体でしょうけど。

森光　渋味の話でいうと、すべての過程において急激な変化をさせず、なるべくなだらかにするということと、その渋味をうまい具合に残すということは、関連性があります。

ゆるやかに変化させるっていうのは、僕は記憶だと思う。コーヒー豆自体にも味の記憶があると思う。それはフィルムが光を記録して「記憶」するのと同じで、特性曲線はゆるやかなS字状になった時に初めていちばん豊かな階調を創る。それが豆のある種の豊かさになり、味の豊かさに、なる！

味のまろやかさ、なめらかさとの関係でいうと、深煎りをやっている他の皆さんと僕がいちばん違うのは、抽出温度だと思うんです。大体90〜95℃の間、大体93℃でやってくださいっていうのが、こちらの希望なんです。なぜかというと、カフェインは90℃前後から急激に溶け出す性質があるんです。だからそこまでは抽出で持っていきたいわけよ。

普段飲むレギュラーコーヒー（焙煎された豆100%）の場合、93℃前後の温度を皆さんにすすめているし、それに対応できるコーヒーでありたい。デミタスコーヒー（少量で濃いコーヒーのこと）は別だよ、それは旨味というものを追求するわけだから、もっと低いですけども、大体70℃くらいでやってあげた方がいいんだよね。ものには必ず活性温度があるので、焙煎や抽出もそこを踏まえるとコーヒーはもっと美味しくなります。

大坊　今、デミタスコーヒーは旨みが大切だから70℃くらいでやっていると言われましたけど、私の場合は全部においてそうしているということです。すべてのコーヒーでそういうふうにね。

手廻しでうちのあの味が出るのは、抽出温度もあるんだと思いますよ。それとさっき森光さんの焙煎を見て感じたことは、前の日に水洗いして豆が膨らんでいるということと、ダンパーの操作、還元炎と酸化炎の動かし方……。

森光　あれは、手廻しと手網の違いだもんね。

大坊　焙煎した豆を釜から出して、まだ冷め切らないうちに缶に入れて布で覆うとか、そういうのがすべてコーヒーの味をおだやかにする方法だろうなと思ったんです。私はそういうことはやってないけども、焙煎でカドをとっていく作業というのはずーっとやっているんですよ。これはもしかすると、同じことはやってないけど、カドのとれた味にしようと思う目的はたぶん同じなんだなと。

いろんな作業は、渋みはもちろん、酸みも苦みもなだめていく、おとなしくさせていく過程じゃないかと思います。

もうひとつ、これは私も漠然と感じていることなんですが、全工程においてなるべくゆっくり作業を行うことと、渋みをうまい具合に残すということについては、関連性があるんじゃないかって。

森光　あると思います。だから僕はね、そのことを今まで追っかけてきたんだなというふうに今は思うんです。渋味の処理、50℃洗い、そういうことも全部含めてね。やっぱり渋味っていうのはお茶の文化によって、日本人の味覚や生活の中に深く入り込んでいるんじゃないかな。

大坊　あの、「簡単にそれは共通している」と言ってしまっては、森光さんの膨大な研究に対して申し訳ないけれど……。

森光　いやあ、結論的には変わらないよ。

大坊　たぶん私がやってきた味の表情をよくするってことは、何を消して何を残すかを繰り返してきたってことなのかな。強火の時間を長くするか、強めの時間を短くして早めに中火の時間にするか、そういう過程と、あとは釜を火から下ろすポイント。それから下ろすポイントに向かう時の火力を少しずつ弱くしていく、その時機とか、火と自分のタイミングですね。それしかないから。どうですか？

森光　うーん、大坊さんのコーヒーは、最初の頃は苦味が単一的だったのが、より複雑に感じられてきた。要するに記憶のようなものをより多く含むようになってきたんだなと思いますね。

おだやかにするというのは、ある意味、おとなしくすることなのかな。大坊さんのコーヒーっておとなしいか強いかと聞かれれば難しいけど……おとなしいんじゃないですかねえ。ただ、まろやかかというと、「まろやか」という表現は、わりと酸味において使われるんですけど、むしろ旨味的な、コク的な、そういう表現の方が近いんじゃないかな。渋味については、上質な渋味があるんじゃないですかね。うちとは違うやり方でやっているけれども、結果としては渋味が残されているよね。

大坊　森光さんのコーヒーは、渋みだけではなく酸みの存在が際立ちます。私がいくらか酸みを残そうと思ってシフトしたものより、森光さんはさらに多くの酸みを残しているなと感じるんです。残っている酸みの味の表情というものが、むしろその時その時によって微妙に違いますけども、非常におだやかに感じる時もありますし、なんとなく出しゃばりすぎていると感じる時もあります。ただ、たぶんいつまでも舌にこびりついて離れないと感じたことはなかったように思います。それはほぼ全部についていえると思います。

先日（対談1）飲んで、アッと思ったのは、イブラヒム・モカはそういう焙煎よりちょっと深めに焙煎しているんじゃないのか、渋みや酸みの残り方というのが微妙に少ないんじゃないかということです。思わず美味しい！と言うのは、そういう一杯ですよね。

森光　まあ、焙煎してから何日目かにもよるんですけどね。これは微妙だよね。

大坊　森光さんのコーヒーというのは、どういうふうにいい酸みを出すか、ですね。

森光　手廻しの場合は、還元炎的な焙煎の仕方になるんだよね。手廻し焙煎器の還元炎より、機械の焙煎機の酸化炎の方が、酸味を表現するのに向いているからね。やっぱりそれぞれの美味しさを追求した方がいいと思うし、まあ、それしかないんだけどね。

大坊　あの手廻し焙煎器のドラムに穴をあけている人もいますけどね。

森光　私もあけていました、先端の方に。「もか」のマスターの影響だけどね。

大坊さんのコーヒーは酸味の味わいとしては感じなくて、僕にとっては苦味の美味しさですね。

大坊　濃いけれども軽いというか、濃いけれどもまるい味にしたいという思いが私の中にはいつもあります。味の重心が下方にあるのではなく、上へ上へと上昇するような、気化しつつある飲み物。ふっと味を感じたと思ったとたん、すっと消えていくような。

森光　それこそ余韻だよね。それとね、苦味っていうのは、どちらかというとデザイン関係、写真家、作家、アーティストなんかには受け入れられやすいところがあるんですよ。そういう人は苦いコーヒーを欲しがるから、苦くても文句を言わないし、それがコーヒーの特性といえなくもない。うちも最初は苦味の方が勝っていましたけど、だんだんと変わっていったかな。苦味のあるコーヒーを特殊性とするならば、僕は誰もが美味しく飲める一般性のあるコーヒーというものをめざすようになったね。

大坊　……まあ、活字になるような場所で人が作ったコーヒーについて意見は述べません。美味しいしか言いません。美味しくない時は黙っています。

森光　フフッ。そうね、そこまで言葉にする必要はないもんね。若い人にやっぱり伝えたいのは、何度も言うんだけど、初めチョロチョロ、中パッパ。あれの繰り返しでそれが一貫するものを形づくり、一杯のコーヒーに繋がっているということですけどね。

（終盤に入り、編集サイドから質問をさせてもらうことになった）

――カップの中に見えるという「ゴールデンリング」を大坊さんもよく見ているんですか？

大坊　え？

森光　コーヒーカップと液体との間にゴールデンリングっていうか、あわいのところにできるじゃないですか、そのこと。

大坊　ああ、ええ、もちろん。よーく見ています。ゴールデンリングっていうんですか。

　美味しいコーヒーに必ずそれが出るかは……わかりません。

森光　いや、水っぽいコーヒーは出ないでしょう。

大坊　ああ、そうですね。うちのコーヒーカップは、「大倉陶園」のでしょう、あれはよく見えますよ、きれいにね。毎回きれいな色だなあと思いますし、それからグラスに入れた時にこうやって光に透かしてみると深紅に見える。

森光　うん、そうそう。

大坊　血の色に見えますよ、深紅です。きれいだなあ

と思いますね。うちの本の中にも……ほら、写真に撮ったんです（私家本を見せながら）。でもあれは自分の目で見る赤とは違う。カメラマンがいろんな角度から撮りましたが、なかなかあの赤は出ませんでした。

森光　たぶん光のあて方でしょうね。

大坊　撮影には太陽光線を使ったと思います、表で撮っていましたから。抽出した最初のコーヒーの液体、あれは本当に赤ですよね。うちは開店前にアイスコーヒーを500ccずつ抽出して、真鍮のポットで急冷しておくんですけども、あれは時間が経っても真っ赤に見えます。透き通っていて濁っていないんですね。

森光　まあ、「ランブル」さんに言わせると、紅茶は赤いんだけど、コーヒーは〝ランブル〟。要するに、もっといろんなものが入り混じった琥珀色だって言いたいんだけどね。

大坊　私は、赤い紅茶を求めるのはやめたんですよ。それより黄色っぽいままで、あまり赤くしない、あまり発酵させてないグリーン色をした春摘みのファーストフラッシュという紅茶だけを使うことにしたんです。緑色というか……黄金色っていうと言い過ぎですけど。

森光　ちょっとピンクがかってない？

大坊　ああ、そういう葉っぱもありますね。

森光　僕が今まででいちばん美味しく飲んだ紅茶は、インド大使館の紅茶でピンクに近いんだよね。

紅茶の淹れ方も大変だよね。

大坊　できれば、私が淹れ方を教えて欲しいくらいなんです。「大坊珈琲店」では紅茶を出していますが（141頁は「大坊珈琲店」のメニュー）、3日に一杯とか2日に一杯とか、頼まれる方があるんです。その人も、私はぜひ紅茶が飲みたいからではなくてコーヒーがどうしても飲めないからという消極的な選択の人が多いんです。量が少ないのに、私はわざわざ紅茶専門店に出かけて行って、3種類ほどのファーストフラッシュをブレンドして用意しとくんです。ちょっと低めの85℃くらいでしょうか、ティーポットを温めてティースプーンに入るギリギリまで葉を入れて、今は4分で淹れています。まあるいティーポットがいいと誰かが言っていたので、鵜呑みにしてまあるいのを使っています。

そうはいっても、コーヒーを美味しく淹れることと、紅茶を美味しく淹れることとは、まったく違うでしょうね。年に一回くらい、美味しいって言ってくれる人がいるんですよ。その人はコーヒーも美味しいと思ってくれる人で、せいぜい1年に一回くらいですね。

中には、え、紅茶なのに赤くないの？　葉っぱ足りないんじゃないのっていう人もいるのですが、普通よりは多めに使っているつもりなんです。とろみをもって穏やかであり、香りは渋みを残していやではないっていうふうにできたらいいですね。それはその年々に春摘みが出る時に決めるんですけど、1年分作って飲んでみています。今年は何もうしろめたくないなあという時もあれば、ちょっと……という時も。1年分を買い置きします。どういうわけか足りなくなって秋摘みを買わなきゃいけないこともあるんです。春摘みがふわっとしているとすれば、秋摘みはちょっと堅い。でもけっこう秋摘みが好きな人も多いですよ。

紅茶には、それなりのいろんなやり方があると思います。中国茶だっていろいろあるようですし。いちばんの違いは、焙煎という作業の有無ですかね。

森光　紅茶や日本茶の葉っぱは、お茶屋さんで買うしかないからね。店で紅茶を出さなかったのは、感動した紅茶が、まあ、そのインド大使館のやつだけだけど、そういうものが手に入らなかったからなんだよね。秦先生の影響もあって、お煎茶は出していました。前の店舗の大家さんが和菓子屋さん（すでに閉店）で、そこで出している白餡にシナモンをまぶした「シナモン饅頭」という和菓子に合うのはお煎茶ということもあってね。お隣から買ってきてコーヒーと一緒に食べてもいいことにしていたんです。

お抹茶と同じで、飲む前に食べるというのは、唾液を出させて味わいを敏感にするためには空腹よりもいいですよね。ただねえ、お抹茶や日本茶もとても美味しいものがあるし、素晴しい文化なんだけど、若い人たちに根づかないのは、時代に合わせた啓蒙活動をしてこなかったからじゃないかなと思いますね。

その点、コーヒーがここまで今飲まれるようになったのは、先輩たちの努力、美味しさの追究、器具の追究、それと横の繋がりを大切にしてきたからなんじゃないかな。だから次の世代の人たちも僕たちの体験を通して、個々が目指すコーヒーの世界をもっと大きく広げて欲しいと願っています。

――前に森光さんが一杯のコーヒーから店のあらゆる寸法を割り出すと言われていました。大坊さんはいかがですか？

大坊　空間を作るうえで、私はコーヒーそのものとの関連性について考えたことはほとんどないですね。

森光　ないけれども、結果的には店の音楽とか絵とか、あるでしょ。

大坊　私が絵画に見出すリアリティというのは、人間の叙情性なんです。表面的ではなく、なるたけ深い部分での叙情を見つけたいし、見つけた時はさっきのリアリティを実感して嬉しい。それと同じように自分が共鳴した絵が好きになります。店でコーヒーを飲んでいる人の状態にもよるでしょうけど、もし店で掛けている絵に興味を持ってくれるとしたら、そういうところで近づいてくれる。

森光　叙情性って、情緒のことだと思うんだ。情緒の世界があって初めて科学の見方ができると考えれば、きわめてわかりやすいと思う。その情緒というのがテーマだと思う。感動したことを具体化するために、例えばある人はコーヒーだったり、ある人は絵だったり、音楽だったりで表現するわけ。

大坊　コーヒーを飲みに来た人の叙情というのは、その人の個人的なもので私とは関係ないことだと私は捉えています。その人とは関係なく、私自身も絵に興味をもってその絵を掛けている。ただ、それだけのことです。絵の叙情性とコーヒーの叙情性のつながりが普遍性を持つかをあまり求めないですね。

森光　求めなくても、大坊さんが感じた情緒というのはあるわけだよね。要するに、人間の耳と目と口は関連性を持ちつつ、その部分部分を担当しているということです。だから空間も自分がめざすコーヒーとも呼応しているはず。五感の中では嗅覚が司る香りについてはまだきちんと理論化されていないんだけど、目と耳と口については関連し合っていると僕は推測するわけです。

僕の場合はそういうふうに捉えたら、結果的にわかりやすかったということです。コーヒーのブレンドを音楽で表現するにあたって、どういうふうに説明したら皆にわかりやすいのかなと考えて倍音という話をしたんだけど、色彩も、味覚も、そういうふうに見てあげたら伝わりやすいんじゃないかな。僕たちがこうして対談して話していることって、まあ読んでくれた若い人にとっては、やっぱりヒントになるだろうと思うんだよね。そのまんまやるんじゃなくして、ヒントにして自分なりにやってくれたら、よりその人にとってのコーヒーがわかりやすいものになるんじゃないかな……と。

　例えばね、植物の生涯ひとつとってもそうなんです。コーヒーにも関係あるわけだけど、種が蒔かれて発芽して芽が伸びて花が咲いて結実して落ちる。で、花が咲く時と結実した時というのは、植物が受粉して欲しいから蝶や蜂を呼ぶ。結実したら、それを食べて欲しいわけ。だから実が赤く熟して熟《う》れて鳥がきて食べていく、子孫繁栄となり広がっていくわけさ。そういうことの繰り返しをやっている。

　僕たち人間もそれと同じだろうと思うんだ。珈琲屋をやることによって、自分という種を蒔いて、成長して、花が咲いて、実がなって、落ちる。落ちるけれども、その実を食べてくれた人はそれを糧にもできるし、新たな芽を別な所で開かせることもできる。

　そういう作業を繰り返すことが文化だと思う。人間にはそういう使命があるんだよね。だから……差し出がましいようだけれども、やっぱり大坊さんもそういう使命を持っていると思うんだよね。

大坊　えー。私は……そんな使命を持っているとは……。

森光　それは本人が意識するかしないかだけの問題であって。でも、情緒だけが大事なわけでもなくて、好奇心をもって科学を求める人には非常に共感するし、尊敬します。ピタゴラスにしたって、アリストテレスにしたって、そういう純粋な原理的なものを求めた人たちだよね。

　そして、珈琲屋として……。今日は大坊さんにひとつの焙煎のやり方をお見せしたのだけれど、それはまあ、音楽でいえば、ひとつ曲を作ったようなことだと思うから、また別の曲を作る作業に入るかもしれない。できるかどうかわからないけどね。

　僕は体が動く限りは珈琲屋をやるでしょうから、その間は変転しながら、何年やるのかわからないけれど、求め続けると思います。

　また引き合いに出すけれど、熊谷さんの素晴しさも、そういう非常に簡単であたりまえの生き方にあると思います。彼自身が自分の目で発見したんだよね、水滴とかアリの歩き方とか鳥や蛙、猫とか。熊谷さんはその先に、絵を描くというコトがある。だから全部異なる一方で、一つひとつの作品としても、違う。

　ひとつの「型」におさめた、と言えるのかもしれない。型に入るというと否定的に捉える人も多いんだけど、決してそうじゃないんだよね。たとえば舞踊やおかにしてもそうだけど、そういう型の通りにやってすますことがある部分でできたら、それで納めつつ別の表現が可能になり、余裕ができる。だから僕は「大坊珈琲店」が何十年もスタイルを変えなかったというのは、そういう型に納めることで、ある別の自由が生まれていたんだと思う。

大坊　ああ、そういう考え方について、私は一緒です。自分にある型にしろ、時間に対するスタイルにしろ、そういうものが無理なくいつの間にか無意識のうちにできるようになった時に、それ以外のことがまったく自由だってことをより強く感じるんです。そういうことはありますね。

よく森光さんがお話になる原理とか使命とか、そういうふうに私は考えない……ですが、イメージは吟味します。この絵をここに掛けた場合、どういうふうな壁になるんだろう、自分が感じたこういうことっていうのは、コーヒーを飲むお客様にとってどうなんだろう。

いろんなイメージを頭に描いて、やっぱりやめようと思うか、これなら大丈夫じゃないかなと思うか、そういう具合です。ただ、私のそういう行為を突き詰めていけば、そこから導き出される原理が森光さんには見えるかもしれない。

森光　いやあ、でも、例えばレンブラントという画家は、ものを見るときに光と影のモノトーンで見ることを突き詰めた人だった。

大坊　私はレンブラントの最後の自画像、あれにはいたく感動したことを覚えています。それは色彩をたくさん使っていないことも影響しているかもしれない。うん、そういうせいもあるのかもしれない。ただじっと見ていた時に、じわーっと……。

森光　そうそう！

大坊　じわーっと現れてくる何か、ですよね。それを色彩論でひもとく考え方はしたことがない。だから、いろんなお話を伺って森光さんを非常に尊敬するのは、そういうふうに自分の考えを深めていって、真理原理に辿り着く。あるいは、摂理のようなものがこういうふうにあると確認されていかれるところです。私は、そのはっきりと示せないものに対して、別の示せないもので工面しているのかもしれない。

森光　カラーの世界とモノクロの世界って、目の働いているところが違うから、モノクロの方がカラーより、より深く見えるんだよね。自分は写真をやっているから、そういうのがわかるわけさ。

その大前提には、さっきから何度も話しているけど「はじめチョロチョロなかパッパ、ジュウジュウふいたら火を引いて赤児泣いてもふたとるな、そこに婆さま飛んできて藁シベひとシベくべまして、それで蒸らして出来上がり」という日本の古典的な料理法がある。普遍的な法則があって初めていろんなことが解決する、そして納得できる。普遍的な法則に立ち返れば、読み解けることは多いよ。

たとえば大地に種が蒔かれて、芽が吹いて、土の中で生長して、結実する。これは、「はじめチョロチョロなかパッパ」ですよね。それが先人がやってきた、日本の風土をつくるということ。音楽もいちばん最初のテーマがあって、それを展開すればひとつの曲ができる。味覚においても、そうやってテーマをみつけることが大事じゃないかと僕は思うわけ。

大坊　日本の風土については意識する部分がありますね。どこの国でもその国の人たちなりにお茶の時間を大事にするわけですが、日本の人たちは、少し多めにそういうことに重きを置いているような気はしますよ。

季節感もそうで、椿の花が咲いたねとか、開き始めのこのくらいがいいよねとか、季節と結びつける考えを持ちます。「はじめチョロチョロなかパッパ」とは思わないけれどもこういう話をする時に、そういう根源に向けて森光さんが話をされるのもよくわかります。ですから、私は森光さんが説明なさることを一生懸命に聞いています。そういうことを森光さんは話したいんだと思うから。

森光　僕はこういうことをヒントにして、次の世代の人がそれを広げてくれると思うんだ。要するに、個々の体験が大切だと思っています。

大坊　共通する知人だから名前を出しますけども、キム・ホノさんという陶芸家がいますね。その人が自費で「大坊珈琲店」の本を作りたいといわれるんです(『大坊珈琲の時間』として刊行されている)。自分は自分なりのテーマがあるとおっしゃって。それは「若い人たちが大坊に行く意味は何かと考えると、大坊さんのやっていることが若い人たちにとって――こういう言葉を使いたくないけれども――大人の部屋、大人の場所として大切に感じているからなんじゃないか」って言うんです。私は、今までそういうふうに考えたことがありませんでした。

森光さんも自分たちの体験を若い人が見ることによって次に繋がるんじゃないかという使命感を持っていると言われましたよね、それについては、そうかと思います。ただ私は、人にそう言われて初めて思ったくらいで。自分なりのイメージを作っていって、これならいいだろうとか、これはやめとこうとか、やってきただけですね……。

森光　今の若い人たちと僕たちの世代との大きな違いに、彼らはたいがい外国に行っているというのがあります。外国から見た日本というのを見ているわけさ。やっぱり彼らなりに考えるところがあって、自分のものを作ろうとしている。うちの客層も若い人から同年代まで幅広いけど、僕たちの若い頃ってさ、外国に行けるのは裕福な人しかなかったもんね。

大坊　それとね、これ、あまり言いたくないことだけど、コーヒーという飲み物は人間にとって本当に美味しい飲み物なのか、どっかでやせ我慢をして美味しいと思っている奴もいるだろうって思っています。

自分はどうなんだ、本当に美味しいと思っているのかって考えるんです。もちろんそれまで美味しいと何回も思っているわけですよ。でも本当に飲み物として美味しい存在なのかと考えることはありました。重大な問題として考えたということではないのだけど、おそらくウイスキーを生《き》で飲むのと一緒のような感覚ですよ。

人間というのはつくづく面白い生き物だと思いますねえ。タバコだってそうですよね。本当に美味しいと思っている人もいるかもしれないけど、中には高校生の頃に反抗的な気持ちでのんだものを大人になって宗旨替えするわけにはいかないっていうだけかもしれない、面白いもんですね。

森光　ハハハ。

大坊　ただ、あらためて思ったのは、私は自分の定見というようなものをほとんど持ち合わせていないってことです。とすると、うちの珈琲店というものを若者が見て、さっき言ったようなことを「感ずることもあるのかな?」というくらいにしか受け止められないのは、大人とはこういうものだとか、これはこうするもんだっていうような確固とした考えが、私には欠落しているからのような気がするんです。もちろんある経験の積み重ねによって、これはダメだとかこれはいいとかそういうものもまったくないわけではないけれど、大人としての定見を持たない人間が模索している姿を見て、若者がそこに学ぶことがあるとすれば、自分では不思議な感じがしますよね。

森光　（恵子さんに）そんなことはないよね！

恵子　でもね、誰でもあなたに限らず、何か絵を見て、「ああいいなあ」とか、「ちょっとない絵だなあ」とか思うのは、心の中に自分の核を持っているからですよね。その核というのは、いろんなことが起きてもその時々で基本になるところだから、もしかするとその基本になる核が自分だけの原理原則かもしれない。だから定見を持ってないとは言いきれないいんです。

大坊　作業として、理論の裏付けなんかを考えたことはないわけですよ。

恵子　それを前面に出して、価値判断をしているわけではない！

大坊　う、うん。

――でも昨日、大坊さんが最近ウォーキングをされていると聞いたので、そういう時はリュックを背負うんですかとお聞きしたら、「いや、私はそういう格好はしないです」ときっぱり言われましたよね。そういう確固としたものがあるわけですよね。

恵子　それはね、ものすごくありますよ。

森光　やっぱりあるじゃない、ハハハハ。

大坊　いや、それは自分がいやだと思わない格好をしただけで。

森光　それだよ！

大坊　そんなの定見っていうの？

森光　そういうものだよ。

恵子　そういう意味でいけば、自分の好きか嫌かをこのくらい主張する人はいないです。

大坊　えーーー!?

恵子　アッハハハ。たとえば、何か着るものを買ってくる、そうするとチラッと見て、嫌だと絶対手にとらないですもんね。

充子　あ、うちもそうです。

恵子　一生懸命ね、私がアピールするんですけどね、絶対着ない。それは原理原則を持ってらっしゃることになるんじゃございませんか？

大坊　もし私が歩いている途中で何かした時に、森光さんが後ろからついてきてくれたら、これはこういう原理があるとか指摘してくれるかもしれないね。

森光　だから、「後から考えたら、そういうことだったのか」ってことだよね。

恵子　ただね、この人は自分の中に持っている核の部分を常に出さないんです。出さないでじっと持っているから、誰もわからないってだけなんですよ。

——お店に見えるお客様は、その気配を感じているんでしょうね。ところで先日、大坊さんが「慣れないこと」について話されていたんですけど、お話ししていただけますか。

大坊　今度のうちの本（私家版のこと）に、編集をしてくれた木内昇《のぼり》さんがあとがきを書いてくださっているんです。私がコーヒーを作っているのを見て、この人は何十年経っても仕事に慣れることがないんじゃなかろうか、とあった。

　私はよく従業員には、口を酸っぱくして「慣れるな」と言っています。「人に慣れるな」ってこともよく言うんですよ。それは自分に対しても言っているんだと思うんです。木内さんの文章を読んだ時にそういう表面的なことではなくて、物事に対する向き合い方というのが、基本的に慣れることができない資質かなと思ったんです。随分見抜かれた、逆に教えられたような気がしたものです。自分はいい年をして定見を持たないというのと似ている話だけどもね。

森光　逆じゃない。

大坊　え？

森光　だから持っているじゃない、「慣れない」っていうものを。それが定見じゃないの。

大坊　何かに慣れた状態を、定見を持つっていうんじゃないの？

森光　いや、違うよ。ハハハハ、大坊さんの場合は「定見を持たない」っていう定見じゃないの？「もか」のマスターから教わった「仕事にはメリハリをつけろ」という言葉を僕は非常に大切にしています。それから襟立先生からは「常に明日のテーマを考えて今日の仕事をしなさい」と言われました。「慣れない」はそれと同じようなことだと思うんだけどね。

　ただ、店の従業員がお客様に慣れてはいけない、というのは「もか」のマスターも言っていたね。こういう人だと決めつけてもいけないし、お客様との間合いは大事でしょ。

大坊　私の場合は、「もか」で働いていた森光さんとはまったく立場が違うでしょうけどね。珈琲屋になろうと思い始めた頃から、うちの住まいが吉祥寺に近かったので、よく「もか」に飲みに行って、当時から標《しめぎ》（交紀《ゆきとし》）さんの姿を見ていたわけです。「バージャケット」っていう、あれを着ていらした。10歳くらい年上でしょ。ああいう白衣を着てネクタイをしてコーヒーを作っておられた。それと計量秤でコーヒー豆を量る姿勢がよかったですよね。

森光　僕は逆に同じになりたくない、別な方向に、似ないように、と心がけていた……っていうのは途中からで、最初は同じだったかな、ハッハッハ。

標さんはね、海外で入ったレストランで変なものを食べさせられたとしたら、ちゃんと決定的に文句を言っていたんだって。「もか」のお客様に対しても同じ。それでお客様が来なくなっても構わないから、決定的に言う。たとえばこのエピソードは多少オーバーなところもあるかもしれないけど、コーヒーを飲み残したお客様を追いかけて、「なんでうちのコーヒーを残したんですか」と問いつめたっていう逸話があります。「うちは、そんなコーヒーは出してないはずだ」って。

非常に自分に素直なんですよね。

――珈琲屋さんの社会的地位の変遷はありますか？　今は、わりと憧れの職業になっていますね。それとも、第三の道というかオルタナティブな道になっているのでしょうか。

大坊　私が店を出した頃は、全然憧れだなんてそんな……。

森光　珈琲屋は、水商売ですからね。

「もか」のマスターに対しては、尊敬や憧れというより、変わった人だという認識だったでしょうね。自分で焙煎する偏屈なマスターがいる、なんてね。確かにあの頃は流行っている店もあったんだよね。「カフェ・ド・ランブル」さんとか、荻窪の「琲珈里《ひかり》」さんとか。

大坊　水商売であることは、今でも基本的には変わってないんじゃないですか。たとえば喫茶店の開業資金なんていうのは銀行の融資先の対象としては最初に外されるんじゃないでしょうか。そういうところは、あまり変わってないと思います。

森光　そういう資本の論理からは、外れているけれども、ある種、若者の意識でいうと、今は違いますね。

大坊　その若者の意識があるとした場合、そうした傾向について逆にどのようにお考えですか？

――おふたりの若い頃と違って高度経済成長がないので、今の人たちはわりと右肩下がりの意識を持っています。その中で大企業に入っても別にやりたいこともないし、安泰とも限らない。その中で何を選択して生きていくか。選択肢のひとつとして珈琲屋さんがあると思うんです。おふたりのなかでコーヒーをやり続けることで、そうした状況を変えたいといったお気持ちはありますか。たとえば、古いヒエラルキーの価値観に石を投げるというような姿勢というのは？

大坊　私の場合、そういう考えは、確固としてあります。こういうやり方もあるのではないか、こういうやり方もあるんだよ、それを示す。それに尽きると思うので、焙煎にしろ抽出にしろブレンドにしろ、作業は見えるところでやるようにしています。私がやっていることは、誰にでもやろうと思えばできることなんです。焙煎道具も高いものではないです。抽出もネルの布を切って枠につければできることですし、やろうと思えばできることです。でも身をもってそれを示すことが、大企業が展開するチェーン店に対するあり方として、私の中ではありました、かなり強く。

開店当初は生き抜くことに一生懸命でそういうことを考える余裕はありませんでしたが、１９９０年代半ばにスターバックスが東京にできた時、自分はそのことをより強く意識しました。

森光　僕の場合は、一日に一人ね、そういうコーヒーを求めるお客様がいてくれたらと思ってやってきました。そして、それがそんな毎日であって欲しい。店を開いて36年間、それこそさっきの数字の話じゃないけど、珈琲屋っていうのは、ある程度の売り上げがクリアできたら本当にいい商売なんだよね。それまでが大変だけど。

僕の場合は、お店を始めて10年経って、イエメンとかエチオピアに行って、貧しいけど豊かな世界を見て、ああ、何か日本の方がおかしいなということに気づいた。ブータンじゃないけど人間の幸せで量る、そういう価値観は非常に大切じゃないかと思います。

だから自分がやりたいことで生きる。必ずしもサラリーマン的な生活じゃなくてね。そういう生き方もいいもんだよとは、若い人に知らせたいと思いますね。

大坊　店でコーヒーを売るという作業は、まったくもって「一人」に対していくうえでのことですもんね。また一人、次にまた一人。マスってことはありえないですね。スターバックスのマスを動かすことの上手さっていうのは、いろんな人の気持ちをつかむうえで有益だと思うんです。それで新たにコーヒーに興味を持つ人も数知れずいるわけですから、それは素晴しい功績だと思います。ただ我々は、一人ひとりに一生懸命、一杯、この一杯のコーヒーをもって、と対面してきて、それが本当に少しずつ少しずつ浸透していき、です。で、何とか今まで続けてこられたということです。

たとえば不動産神話がくずれたこと、バブル後に銀行が倒産したこと、今まであたりまえのごとく信じていたこと、ありえないと考えていたことが逆転しましたよね。世の中っていうのは、大きな木の下にいれば安心というわけでもない。だったらば自分の思うように自分の小さい世界を作るのも面白いかなと思う人が、少しは増えたかもしれません。それともうひとつ、3・11の大震災の時に何かしら自分の生き方を考えさせられましたよね。いつどうなるかわからない状況の中で、自分に嘘のないやり方をやってもいいんじゃないかって考えた人も少しはあったかもしれません。

――日本のコーヒー文化が戦後、独自にカオス化してきたと言われますよね。逆にアメリカの西海岸ではネルドリップをやり始める人も出てきました。その……なぜ、おふたりのような特異な珈琲屋が生まれたのでしょうか？　それを日本という言葉で語っていいものなのか？

日本のコーヒー文化について、ネルドリップであり自家焙煎ということに限って言うことですけど、そこでこれだけの詳しい話ができる人はそういません。ある種の特異性についてはご自身ではどう考えておられますか？

大坊　ひとつ私が感じるのは、社会性の違いですね。訴訟社会、欧米の人はどちらかというとお互いに歩み寄るという態度より、自分の非を認めない、主張する社会ですよね。どうしてなのか日本もだんだんそうしないと損をみるという考えが増えてきたと思う。

ただお茶を飲んでもらうという行為は、それとは対極にあります。お茶の時間を一緒にもつことは、日本に限らずどこの国の人もそういうことだと思うんです。権利を主張するばかりではなく、共有する時間を大事にしていこうという傾向が、外国の一部の人の間には出てきたのか、世界全体でそういう流れの方に動いているのか。

恵子　日本で言えば、茶道文化というのも関係があるんじゃないでしょうか。一杯のお茶に神経を注いでお客様をもてなす。たった一杯だし、それを飲んだからといってお腹いっぱいになるわけでもない、ただその一杯のお茶に一期一会を見出す。単なるお茶じゃなくて茶道って「道」までつけてね。

充子　コーヒーを淹れる様子を見たお客様から、「茶道のお点前と同じですね」ということをたまに言われます。

恵子　うちも同じです。いずれにしても「道」として追究する過程で、その人の人生や生き方まで変わっていく。そのことと、コーヒーにこのくらい熱意を傾けるのと、やっぱり根のところは同じじゃないかと。

一杯のコーヒーにも、一杯のお茶にも、神や自然を感じるという思いで作る人もいる。それからお茶の時間をいろんな空気やお花なんかを味わいながら楽しむ人がいる。これは日本文化のありがたさだと思います。

——たとえば洋画家が日本で油絵を描いていて、結局、日本の風土に合わないと思うようなこともあるかもしれませんよね。あるいは楽器でも、最終的には違うなあと。「向こうの飲み物だな」といったことをコーヒーに関して感じたことはありますか？

森光　それは……逆に、なかったですね。まったくなかったです。それこそコーヒーがまだ一般化してない時代に始めました。コーヒーが焙煎されてああいう色になるんだということは「もか」に行って初めて知った時代だから、みんなの意識の中にもそういうのはなかったんだね。生豆を焙煎して初めてコーヒーになるんだよという。面白いばかりで、そういうのを考えたことはなかったですね。

大坊　答えになるかどうかわかりませんが、珈琲屋を始める前に、俺は材料をよその国に頼るしかできないことを始めるんだってことをすごく考えました。これは問題だって。

森光　僕の場合は、ハワイの親戚がコーヒー農園を営んでいたから、むしろコーヒーを日本で使えたら助けることになる、何かのお手伝いになる、という気持ちが最初からありましたね。それが今でも産地に行くことに繋がっているでしょうね。

——昨今は、コーヒー業界でも頑張っている若い人が増えてきましたが、おふたりの背中を見ているかと思います。森光さんや大坊さんは、現役のマスターとしては、最後の職人世代の方だと思います。ただ最近のブームに惹かれてコーヒーを始めた人たちの中には、そういう歴史を知らない人も多いんじゃないかと。

大坊　特に森光さんの土壌の話は、声を大にして言いたいですね。

森光　ハハハハ。

今はねえ、珈琲屋は社会が求めているもののひとつだと思う。僕たちの頃は、まだ自分が創るっていう時代だったから。コーヒー専門でない純喫茶はすごく多かったんですよ。フルーツパフェとかところてん、あべかわ餅とかが食べられるような。

大坊　少なくとも中学生までは出入りを禁止されていたよね。喫茶店に入るのは悪いことだと思っている人も多かった。私は高校生の頃は入り浸りってほどでもないけど頻繁に行っていて、高校を卒業する頃になって、クラシックがかかる純喫茶にこの人（惠子さん）を誘った時もコーヒーを飲みました。味はどうだったのかって……決して美味しいと思ったことはないですね。

禁止されると行きたくなるのね。もうねえ、親とか教師とか子どもの時から反抗していましたから。禁止されたら絶対それをやってやる。その頃は、高校の時の親友と夕方に待ち合わせて喫茶店をはしごしながら、私のいつも一歩先を歩いている文学好きのそいつの影響で読み始めたロシア文学の話をしたりしていました。最初の待ち合わせ場所はどういうわけか、「淡路」っていうおでん屋さん。そこでクルミで和えたお餅まで食べるんです。

どうして珈琲屋になったかという話は前に一度しましたよね、ミニコミの話です。珈琲屋を始める前は、そういうことを考えていたことは事実ですね。ある小さい何かを珈琲屋という場所で人に伝えよう、そういうコミュニケーションのつながりのイメージはかなりはっきりと持っていました。

どんな考えにしろ、ひとつの考えを見える形で提示することは逆の立場にいる人にとっては反対のことなわけだから、メッセージを発するのはやめようと変わっていきましたけどね。それとミニコミの使命として、ベールに覆われている真実を明らかにするという考えを持っていましたが、その考えも変わりました。あき

らかにしないからこそ、誰もが生きていられることがあるんだと。

いっときコーヒーを飲む時は、あなた自身、自分自身に戻れたらいい。そこはずっと変えずに来ました。それは別にこちらが干渉することではなくて、それぞれの人が思えばいいことですけど。

森光　それは、願いとしてありますよね。うちが起き上がり小法師のダルマさんをトレードマークにしているのは、飲んだら、自分にカエル、自分を取り戻すというコーヒーを出したい、そういう気持ちをもっているからです（写真は、開店と同時に淹れる色見本のコーヒー。珈琲の神様に捧げる意味も）。

恵子　コーヒーを作る姿を見て、一杯のコーヒーを飲んでいると、嫌なことがあったり気が重かったりしても、だんだんそういうものが溶けて、もとの自分に戻れるというのは嬉しいですよね。

森光　コーヒーを飲みながら、その人らしい過ごし方や場所の使い方をしている姿をみると、ああ、これでいいんだというふうに思います。

大坊　たとえば芸術家などの自己表現者がいますね。珈琲屋というのも空間なりコーヒーなりが自己実現のひとつかなって考えたことありますか？

森光　うーん……。それが反映されていると考えたことはありますけれども、うーん、わからないねえ、そこらへんは。

大坊　例えば自分が気に入った絵を掛けていて、たまにお客様が「いい絵を掛けていますね」っておっしゃる時に、それはもしかしたら私の自己実現をわかってくれた……ってことかなあ。まあ、そんなことを常に考えているわけではないけれど、でも自分の嫌いなものは掛けないわけですから。

森光　掛けないね、うん。

大坊　やっぱり自分の好きなもので店内を作るっていうのは、わかってくれるお客様が店に来てくれるってことでしょうか。

森光　うん、難しいところだね。この前もちょっと言ったけど、コーヒー専門店ということを主張すればするほどお客さんは入りづらいって言うんだよね。それはもう前の店の時から言われていたし、今でも緊張するから入りづらいっていう人はけっこう多いんだよ。

大坊　うちもけっこう言われました。なんか入りにくい店だったけど、勇気を出して初めて来ましたという言われ方を随分されまして。なんかね、私自身が頑固で偏屈な親父だって思われているきらいがあるのよ。

一同　（爆笑）。

森光　うん、そう、勝手に思われちゃうのね。

大坊　今まで話してきて、私は今まであまり意識しないけど、多少とも意識したことがあるとすればこういうことがあるんですよ。それは、二つの意見を並立させるってこと。そして同じく、立てるってことなんです。違う意見も同等の価値のあるものとして、互いに同等の意見を侃々諤々《かんかんがくがく》やるわけじゃないけど、出し合う。

それで自分の考えを変えないとしても、そういう相手の意見があることを含めながら自分の考えを変えないでいけるのか、私はその二つの意見を意識的に並列させているかもしれません。自分のよしとするものを店に出して、それをどのくらいの人が受け入れてくれるかという考えと同時に、来てくれる人を自分がどのくらい受け入れられるかということでもある。こちらも試されていると思っていましたから。

考え方もまったく違う、もしかしたら店にふさわしくないと思われる人も来るかもしれない。だけどいっぺん何であっても並立させる。前にも来てくれた人が2回目に来てくれる時には少し変わる、3回目に来てくれる時もだんだん変わるという話をしたと思います。それは単に考え方が変わったのではなくて、自分の周りに張っていたバリアのようなものが取り払われていくというようなことだと思うんです。そういう可能性を私はわりあい信じられるかもしれない。

森光　まあ、僕の場合は、何度も言うけど、一日に一人、コーヒーを飲みに来てくれる人がいたら、その日はもう満足です。それは願いだし、仮定でもあるんだよね。そういう人が必ず来るんだ、その人を待っているんだって願いながらやるんですよ。

大坊　〝珈琲の神様〟の発想と近いかもしれませんね。

森光　ハッハハハハ、そうね、うん、そうかもしれんね。これは勝手に自分が思ったことです。前も言ったことがあるかもしれないけれど、その時々に神様が遣わした人が助けてくれる、そういう役割を持った人が現れる。まあ、大坊さんはそういうふうに思えるだけだっていう言い方をしたけれどね。

　僕はそういう運命的なものを信じるんだよね。その時にその人をちゃんと〝珈琲の神様〟が遣わしてくれている。今もその連続だけどね、続いていると思っています。

大坊　だから、焙煎に悩んでいる若い珈琲屋さんたちに、先輩として声をかけるとしたら、フフフ、「そりゃあ、私もあなたと同じ経験をやってきたんですよ」って、それだけですね。同じだよって。

森光　必要なのはそういう言葉だろうね。同じだよね、僕たちも。

大坊　それと修行については、こんな考えがありますね。尊敬する師を得て、その人についていくやり方には敬意を表します。ただ本当の修行が始まるのは、たった一人になってからではないでしょうか。尊敬する師の姿を見て学習することを修行といいますけれども、たった一人になった時が本当の修行の始まりだと私なんかは思います。

　森光さんがいつもおっしゃる〝クリカエシクリカエス〟という言葉。あれは、たった一人の行為ですよね。自分の行為を繰り返し繰り返すことが師から離れて一人になった時の、自分の手応えの部分ですよね。どんな職業でもそうかもしれないけども、自分がどんな人間になりうるかというのは一生の仕事であるような気がします。
私が敬愛する西脇順三郎（１８９４～１９８２。詩人）の言葉に、「淋しいものは美しい。美しいものは淋しい」という一文があります。なぜ、よきものの多くは孤独から生まれるのか、なぜ人はコーヒーという苦い飲み物を好き好んで求めるのか、こういうところにも繋がるものがあるんじゃないでしょうか。

森光　まあね、僕たちが珈琲屋をやり始めた昭和50年代というのは、失敗が許される時代だったというのもありますよね。コーヒーに関する情報もほとんどなかったし、自分で試行錯誤するしかなかった。今の時代に比べると、とんでもなく孤独を感じる作業でしたけど、その分、何かに気づいたり理解が深まったりを感じられた時の喜びといったら、それはもう本当に豊かな時間であり、体験ですよね。

大坊　結局、自分が感じる範囲内で、よしとするものを求めるしかないですね。誰かに代わりにテイスティングをしてもらうわけにもいかない。誰だって自分のできる範囲で精一杯やるしかなかった。敏感じゃないセンスしか持っていなくても、です。
自分の味覚でものを伝える時に、多くの人は数値を並べて勝負をした気になってしまう。私の場合、数値で測れないところで味の表情を探るわけだから、たとえ私の味覚が厳しい現実にさらされたとしてもそれは潔く受け入れようと思っています、哀しいけれども。
今回、森光さんと対談をしてきて、自分がこれまでいかに何も考えてこなかったか愕然とする面もありましたけど、後で思い返すと、いや自分も考えていたかもしれないという要素がいっぱいあるんです。店を辞めたから口にできることも大いにありました。

――珈琲屋の未来は、どうなっていくでしょうか。喫茶店や珈琲屋は、存続していけるでしょうか。

森光　それは若い人たちが選択するなり、決定権を持っています。今後、いろんな機器が進化し、生豆もどんどん手に入れやすくなっていくと、ますますホームコーヒーを楽しむ人が増えていくでしょう。フランスで飲むコーヒーがなんであんなにひどいコーヒーになったのか、ああはなって欲しくない。

大坊　え、どうなっているんですか。

森光　ひどいよ、美味しくない。
僕が思うに喫茶店というのは、〝場〟だと思います。本来の自分に還れる場所。だからそうした自分の中の非日常、ま、そっちがその人の本質なのでしょうけど、そっちに戻っていきたくなる。むしろ、一時期は喫茶店が停滞したとしても、少しずつまた必要とされていくようになると思います。欧米のカフェよりも、日本の喫茶店の方が先を行っているように思います。外国からすると日本のコーヒーと喫茶文化は、よいお手本になっているんじゃないかな。フランスでもイタリアでもこれだけ美味しいコーヒーは飲めない。ま、これからは欧米でもドリップコーヒーが見直されていくでしょうね。

お店を辞めて、旅の意欲というのはわいてきた？

大坊　えー、まあ、何といいますか、さっき最初にちらっと言ったように、何もしないということが消極的ではない積極的な選択であると……。

森光　でも、熊谷さんなんかはもともとそうなんだよね。絵を描くということ自体よりも、白いキャンバスである方が美しいってこと。

大坊　自分の基準というものができているわけだから味がおとせないですよね。これをずっと維持するか、または方向転換するにしてもいいものをさらに追求しなくちゃいけないのか、それをやめて何もしない生活があってもいいかなあと思うことも……森光さんのどこかに、そんな思いは、ない？

森光　いやあ、あって欲しいよ、それ。熊谷さんもだんだん晩年にいくにしたがって絵も変わってイキイキとしてくるんだよね。それって熊谷さん自身がどんどん変わっていっているということだろうと思う。

大坊　そういう熊谷さんのような何もしない生活の中で、どういうふうにイキイキしたものが生まれてくるんだろう……。

森光　うーん、身近なものへの好奇心かなあ……。

大坊　何かのコーヒーの味を作らなきゃってことでイキイキすることはあるかもしれないけども。何もしないって状況で……？

森光　そういう状況でこそ何か生まれるんじゃないの？

大坊　うんうん、生まれるかもしれないね。生まれないかもしれないけど。

森光　生まれないかもしれないけど、生まれるかもしれない。

――大坊さんはずっとこれまで高いレベルでやってこられた分、もう一回そこに乗るにはいろんな思いが交錯されるんだろうなと拝察します。今は豆売りだけをする若い人も増えているそうで、喫茶を選択する人が減ったのは淋しい気がしますが、いかがですか？

大坊　インターネットで広告できるということが一般的になってから、一人で狭い場所でやるという可能性がある程度生まれてきたじゃないですか。ですから豆売りの方が小資本でも入りやすいという事情があるのかもしれませんね。ただ私は、豆売りの店は考えにくかったですね。さっき自己実現という妙な言葉を使ったりしましたけれど、それが店であるから面白いんだなって思っていましたし。今は自分が飲む豆もないので、困ったもんでして。さっき森光さんからいただいた豆はとっても嬉しいです。

森光　ハッハッハ。これからは、日本のネルドリップを世界の一般家庭に普及させる活動に力を注ぎたいと思っています。そういう意味では、大坊さんと私は同じ〝コーヒー号〟という名の船に乗っている仲間だと思っているよ。

大坊　その船でのあなたの役割は？

森光　うーん、舵取りというか、空を見て天候をよむ係かな。

大坊　自分はこれまで店を通して、こういう味もあるよと示してきたわけです。各地の「コーヒー文化学会」でよく「コーヒーを楽しむ会」というのをやるじゃないですか。私はそういう意味で38年間、毎日毎日それをやってきたのだと思います。うちで飲んだコーヒーが美味しかったということもあるだろうし、いい時間だった、記憶に残るということもあるだろうし、そのすべてが「コーヒーを楽しむ」ということ。

道を歩いていても、ここを歩いているすべての人はいつかうちのお客様になる可能性をもった人たちなのだと思っていました。どこに行っても何をしていても、一度、お客様として店に来ていた人がそこにいる可能性がある。

ですから、今、店がなくなったということは、何もなくなったに等しいわけです。そういうところで自分がイキイキと生きられるのか。あと10年もたてばそんなことはどうでもいいようになるでしょうし、本を読んだり何か考えたり友人と話したり、ただそういうことだけをやっていく時にだんだん充実してくるとすれば嬉しいですよね。

また言いますが、森光さんとお話をするようになっていちばん驚いたのは、すべての思考が神というようなものの摂理につながっているところでした。

森光　うん、僕はね、昔からそういう運命的なものを信じていますし、今もその連続なんですよね。教会音楽でも天井画にしても、大昔は神様に捧げていました。コーヒーも同じ。もともと薬だった時代は、神の方を向いていたわけです。それがいつのまにか民主主義や資本主義が出てきて、人間に重きをおく世界になった。だけど、おおもとには神への祈りがあるんですよ。

大坊　すべては神につながっているという森光さんの考えに、非常に感銘を受けます。自分はそういうふうなことまで考えてコーヒーをやっていたのだろうか。振り返ってみると乱暴な言い方かもしれないけれど、基本的に独り合点だったのかもしれない。今回、森光さんと話せてよかったのは、ふたりを足せたらいいなあというようなことを思えたことです。足したのを2で割ってはダメですよ。

森光　いいんですよ、皆、一人ひとり違っていて。

僕の尊敬する作家、稲垣足穂の言葉に〝地上とは思い出ならずや〟という言葉があるんだけど、宇宙の彼方から見れば一人ひとりの人生も小さなものだという意味です。昨日までの人生も夢みたいなもの。結局、自分であって、自分でない。自分で自分のことなんてわからない、他人のことはよく見えるけど。そういうのは、タルホ（足穂）を知って見えてきました。

私が思う「昭和の三奇人」は、稲垣足穂、北大路魯山人、熊谷守一ですけど、やっぱり一生懸命に自分を見つめている人というのは、奇人になってしまうんじゃないかな。

「もか」のマスターにしても、「ランブル」の関口（一郎）さんにしてもそうです。何事も手の中からですよ。自分の手の中を一生懸命に見つめていれば全体が見えてくるし、小さいものほど感動に近づくことができると思います。もともと感動するものは意外とそこらじゅうに転がっているものなんですよ。こちらがそういう気持ちで受け入れるかどうかだけ。自分の力量とも関係しますけどね。

僕は一杯のコーヒーから、それはもう、感銘を受けた。ああ、人間って、これ一杯でも感動を与えることができるのだという体験を、コーヒーをやることによって体得してきたと思っています。

大坊　私もコーヒーという飲み物に出合えてよかった。

今までお客様に私のコーヒーをたくさん飲んでいただいた分、今度は自分が飲む番にまわろうと思っているんです。たとえ専門店でなかろうと、メニューにコーヒーがあればそれを頼む。

森光　ハハハ、僕は飲まない。

大坊　フフフ、飲みなさいよ、コーヒー。

森光　もう一度聞いてもいい？　店は本当にやらないの？

大坊　正直に言いますと、私という人間からコーヒーをとっても面白く生きられるのか、それとももう死んだも同然なのか。今は、そこに興味があります。67歳の今までコーヒーだけで生きてきた自分が、今、どういう人間になっているのか。そしてこれからあと10年でどういう人間になりきれるのか、修行ですよ。誰の場合もテーマじゃないですか、人生の。

　私が今まで一人ひとりのお客様に興味があったというのは、そこの部分じゃないでしょうか。自分が誰かのことを正確にわかったわけでもないのに、何でも協力したいと思えるようになることがある。それは言葉で証明したことではなく自分で想像したことの方が多いですよね。そういう想像の方が私は好きだし、信じられる気がします。

　私自身を一つの塊として考えたとき、画家の平野（遼）の言葉を借りるならば「闇でも光でもない」。だって人間はそうでしょう。確かに悪い時期もあるだろうし、いい時期もあるだろうけど、いつの場合だって、ひとつの塊としてそれを乗り越えたり喜んだり、哀しんだりしながら生きている。つまり単なるひとりの平凡な人間が日常を生きているにすぎないということです。

　自分の生身の体が、コーヒーがすべての時期もあれば、コーヒーから離れる時期もある。でも、この塊だけは変わらない。外側についているいろんなものを取り払って見つめた時に見えてくるのが、人間という存在なのではないでしょうか。だからこれからだって自分にとって未知の経験ができるだろうし、昔は感じられなかったことをたくさん感じられるのではないかと楽しみにしています。

森光　僕は生涯、コーヒーを全うするでしょうね。ひとつの焙煎のやり方を確立するというのは、絵描きでいえば、ひとつ作品を作ったようなことだと思うから、また次の絵を描く作業に入るように、珈琲屋をやり続ける。んー、最期はカウンターで倒れても本望ですよ。焙煎中は火を使うから危ないけど、カウンターなら。ハハハハ。

「もか」の標さんは亡くなる少し前から、豆売りだけにして商売を縮小しました。その時々で珈琲の神様に導かれて変わっていくんだと思う。それが〝コーヒーの道なり〟ということ。だから僕ら珈琲屋の人生ってさ、何か大きなものに導かれてきたんじゃないかって思う。

大坊　〝珈琲の神様〟ですか。

森光　ハハハ、自分は珈琲の僕《しもべ》だと思っているからね。

おわりに

大坊勝次

閉店後、ずいぶん経って、そうと知ったお客様から、こんな手紙をもらいました。

（略）今から十八年前、二十歳のときに初めて大坊珈琲店を訪れました。カウンターに座り一番濃いブレンドを頂いたことを覚えています。丁寧に淡々と珈琲をいれて下さいました。その後、ザルにあげた珈琲豆の選別をなさっていました。

その信念を感じさせる仕事には、何故かいかにも珈琲にこだわった店で重苦しいという印象がありませんでした。（後略）

こんなこともありました。

やはりカウンターの中で豆をザルにあけ、選別をしている時のことです。目の前にお一人とカウンターの奥にお一人、入口の近くにも一人ぐらい座っておられたと思います。それぞれ一人で来ている人ですし黙って座っておられます。目の前の人は常連さんですが、いつも黙っている人です。私も黙って選別しているのですが、だんだん集中してきます。早く終えたいという気持ちがあるわけですし、そのうちお客様のことも忘れて、熱中していたようです。その時、目の前の人が言ったのです。

「いつもは寛容な人だと思っていたんだけど、豆を選ぶ時はどうしてそんなに容赦なく捨てるんですか――」

「えっ」

不意だったもので、なんと答えていいのか一瞬途方にくれました。

すかさず奥に座っている人が、

「ほーなるほど、そうですよね――」

と、おもしろそうに唱和したのです。

店内がシーンとして話す人もいない状態で、一人はザッザッと豆をかき分けて拾っている。じっとしていた目の前の人が、何かひとこと言ってやりたくなったんでしょう。機が熟した。その声は小声であったにしても響いたのですね。奥の人も同感同感というふうに唱和した。もしかして、目の前の人がもうすこし黙っていれば、奥の人が何か言ったかもしれない。もしかすると、客を無視して選別に熱中していることへの皮肉だったのかもしれない。

私はこういう時、楽しくなるのです。なんとなく機が熟する。

実は、目の前の人は仕返しの向きもある。この方は二十年にわたってずっと来てくれている人なのです。たぶん来はじめた頃、二十年近くも前のことなのですが、やはりザルで選別している時です。同じように目の前のカウンターに座って、黙っておられました。私も黙って選別していました。豆を選別するという作業は、その人にとってめずらしいことだったのかもしれません。しばらくの間、目と鼻の先にいるのに黙って作業をしていましたが、私の中に、いくらなんでも一言も口をきかないのもなんだか変だよな、という気持ちがめばえました。そして、こともあろうに、

「何を考えておられるんですか?」

と聞いてしまった。特に何も考えずにそう聞いてしまったんです。いや、じっと見てるけど、

なに考えてるんだろう、と心の中で思っていたんでしょう。ふと聞いてしまった。

「えっ」

と絶句された。当たりまえですよね。

聞いてしまった私も、なんでこんなこと聞いたんだろうとこまってしまったんですが、次の言葉がなんにも出てこないので、黙ってしまって、つまり返事を待って黙っているような具合になってしまった。

「いや……なんにも……ぼんやりしていただけです……」

この方は、私より二十歳ぐらい年上の方です。これだけのことですが、こんなことが昔あったのです。この方が、そんな昔のことを覚えていたか知りませんが、私は覚えていたので、仕返しかな?と思ったのです。たったこれだけのことですが、私にはこういうことが、とても楽しいのです。この時の失言（?）が、その後二十年も続いてくれた理由だったかな、と思うほどなのです。


この方のことをもうすこし書かせてください。この方はいつも15グラム150cc、5番の薄めのブレンドを注文する人でした。二十年間、他のものはまったく飲んだことがないと思います。いつからか注文も聞かずに、作るようになっていました。ある時、「15グラムも飲めなくなったので10グラムで作ることはできませんか」と言われました。「薄めにするんですね。いいですよ」。それからは10グラム150cc、メニューにない超薄めのコーヒーを作ることになりました。この時はさほど気にならずに10グラムで作っていました。というのは、時々薄めのをくださいと注文する人はいたからです。私達は、そういう要望には気持良く応えていました。超薄めしか飲めない人とか、コーヒーは苦手だけど来ましたという人もいたからです。

それからまたしばらくたってからですが、「もっと少なくしてくれませんか」と、その方に言われました。その時はさすがにハッとしました。多分、コーヒーは禁止されているんだと気がついたのです。「はい、わかりました。だいじょうぶ、つくれます」と平然と答えたのですが、これ結構大変なのです。ネルドリップで一滴一滴抽出する場合、粉の反応を見ながら、フィルターを動かしたりポットを移動させたりして、ドリップするのですが、5グラムですとすぐ反応がなくなるのです。それでも150cc抽出するには、それだけの時間がかかります。しかしこれはもう、たとえ反応はなくても、ネルドリップの大坊式抽出を、寸分の狂いもなくやり続けるしかありません。最初から15グラムの薄めを飲んでいるのです。そんなにコーヒーに強い人ではなかったんだと思います。それなのに、二十年、もしかするとそれ以上来続けてくれたのです。5グラムでも、たとえ2グラムでも、ネルフィルターで点滴抽出を全うすることが仕事です。多分、ジュースやミルクではだめなのです。多分、どんな形であれ、コーヒーを飲むために来ていたのです。

そうしてある日、ついに言われました。

「大坊さん、お別れです！」

この言葉に絶句させられました。何も言葉をかけられないのです。外出ができなくなるということなのでしょう。

「ながらくお世話になりました！」

「こちらこそ、長い間ありがとうございました」

その方は、帰っていかれました。

今、私はその人を思い出します。

珈琲店は、来てくれた人たちに支えられています。私自身も、来てくれた人たちに支えられました。閉店してから、特に、来てくれた人達を思い出します。閉店の時はお礼も言えませんでした。今、思い出してお礼を言っています。思い出すことによって、私は鎮められていきます。

森光さん。

今、コーヒーのことを話す時、森光さんを思い出します。たくさんの人がコーヒーの話をする時、森光さんを思い出しています。

人々は珈琲店でコーヒーを飲む時、ちょっと立ち止まります。立ち止まって、これまでのことを思い浮かべます。これからのことを考えます。珈琲屋がお渡しできるものは、一杯のコーヒーだけです。一杯のコーヒーが、少しでも人の心を鎮められるとすれば、珈琲屋にとってこんな嬉しいことはありません。

対談を終えて

自分であって自分でない、モノに導かれ
珈琲をやってきた。
滴一滴の風味の余韻が人にやすらぎと
活力を持たせる。その不思議さが何なのか
私は珈琲のルーツ国エチオピア、イエメンまで
も訪ねて、土を食べた。

もう珈琲屋で四十余年が過ぎてしまった。

私は人間嫌いだった、平気で嘘をつく

大人は信用が出来ない。しかし、祈る人を
身近に見た時
人の真実を見た思いがした。
珈琲を識った時、心底嬉しく思った。
面白くて毎日が楽しくて…。自分で
店を持ち算盤が不手で苦しい時期が
長かったけれど、珈琲は苦くても日々は
苦くはなかった。
そしてどんな時も珈琲で嘘をついたことはない。
私は昭和の奇人、足穂や魯山人、クマガイ
モリカズに学んだ。

店に限れば古美術鑑賞家、秦秀雄先生、書家の前崎鼎之、陶芸家の山本源太、木工の井上幹太氏などなどが、次々と現れて私を支えてくれた。

学んだことを例にあげれば、敬愛する画家熊谷守一の作品に「雨滴」がある。その輪郭線は生命のリズムを思わせ、くり返す形はメロディとなり情景を表現する。色彩が調和し、雨音のカノンを聴いているようだ。

芸術家は見えないモノを見える様にできる。

絵画の形と色は音楽にも似ているが
味覚にも通じる。
珈琲の苦味、甘味、酸味、隠れている渋味
があいまって至福の一杯を奏でる
一つ一つの珈琲のもつオリジンはそのまま
色であり音である。
イメージ＝主題を表現することは焙煎で
あり抽出法であろう。
自らの濾過層を透し、ドリップされた
珠玉の一滴はゆっくりした中で生まれる。
このゆっくりこそ自分が自分に還る
唯一の法かもしれない。

5、

人は表現することで　自分が生かされている
ことに気づく。

クリカエシクリカエス恥人でありたい。

大坊さんとの対談で、自分を深く見つめた
ことで、私のこれからやるべきことが見えてきた。

森光宗男

珈琲屋《こうひいや》

発行　二〇一八年　五　月三〇日
四刷　二〇二二年一二月一五日

著者　大坊勝次《だいぼうかつじ》　森光宗男《もりみつむねお》

発行者　佐藤隆信
発行所　株式会社新潮社
〒一六二―八七一一　東京都新宿区矢来町七一
電話（編集部）〇三―三二六六―五六一一
　　（読者係）〇三―三二六六―五一一一
http://www.shinchosha.co.jp

印刷所　錦明印刷株式会社
製本所　加藤製本株式会社

乱丁・落丁本は、ご面倒ですが小社読者係宛お送りください。
送料小社負担にてお取替えいたします。

ISBN978-4-10-351891-4 C0095
価格はカバーに表示してあります。